Christoph Martin Wieland

**Sämmtliche Werke - Beiträge zur geheimen Geschichte der Menschheit**

Christoph Martin Wieland

**Sämmtliche Werke - Beiträge zur geheimen Geschichte der Menschheit**

ISBN/EAN: 9783743487901

Hergestellt in Europa, USA, Kanada, Australien, Japan

Cover: Foto ©ninafisch / pixelio.de

Weitere Bücher finden Sie auf **www.hansebooks.com**

# C. M. WIELANDS

# SÄMMTLICHE WERKE

VIERZEHNTER BAND

BEYTRAGE ZUR GEHEIMEN GESCHICHTE
DER MENSCHHEIT.

LEIPZIG
BEY GEORG JOACHIM GÖSCHEN. 1795.

# BEYTRÄGE
## ZUR
# GEHEIMEN GESCHICHTE
## DER MENSCHHEIT.

# Inhalt.

**1.**

Koxkox und Kikequetzel, eine Mexikanische Geschichte.

**2.**

Betrachtungen über J. J. Rousseaus ursprünglichen Zustand des Menschen.

**3.**

Über die von J. J. Rousseau vorgeschlagenen Versuche, den wahren Stand der Natur des Menschen zu entdecken. Nebst einem Traumgespräch mit Prometheus.

**4.**

Über die Behauptung, daſs ungehemmte Ausbildung der menschlichen Gattung schädlich sey.

**5.**

Über die vorgebliche Abnahme des menschlichen Geschlechts.

# KOXKOX

## UND

# KIKEQUETZEL

### EINE MEXIKANISCHE GESCHICHTE.

---

Ein Beytrag zur Naturgeschichte des sittlichen Menschen.

1769 und 1770.

## 1.

Vor undenklichen Jahren kam, nach einer alten Mexikanischen Sage, ein grofser Komet auf seiner Reise um die Sonne — man weifs nicht aus welcher Veranlassung — dem Planeten, welchen unsre Vorfahren bewohnten, so nahe, dafs beide Sterne, nach menschlicher Weise zu reden, handgemein mit einander werden mufsten.

Das Gefecht, war eines der hartnäckigsten, welche seit langer Zeit in den Gefilden des Äthers vorgefallen waren. Die besondern Umstände davon sind, aus Mangel beglaubter Zeugnisse, unbekannt. Alles, was wir davon sagen können, ist: dafs, nachdem der Mond seiner Schwester Erde zu Hülfe gekommen, der Komet sich endlich genöthiget fand, mit Zurücklassung des gröfsten Theils von seinem Schweife die Flucht zu ergreifen, und, es sey nun aus Feigheit oder Scham über seine mifslungene Unternehmung, sich im leeren Raume so weit zu verlaufen, daſs er, nach der Meinung der besten Sinesischen Sternseher, bis auf den heutigen Tag den Rückweg noch nicht hat finden können.

Wie wichtig der Verlust seines Schweifs für ihn gewesen sey, können wir nicht bestimmen. Aber so viel ist gewiſs, daſs die Erde wenig Ursache hatte, sich dieses erfochtenen Siegeszeichens zu erfreuen. Denn unglücklicher Weise befanden sich in diesem Schweife (welcher nach der mäſsigsten Berechnung eine Million dreymahl hundert vier und vierzig tausend fünf hundert sechs und sechzig Mexikanische Meilen lang, und verhältnifsmäſsig breit und dick war) obenhin gerechnet wenigstens hundert tausend Millionen Tonnen Wassers, welches in erschrecklichen Güssen auf die arme Erde herunter stürzte, und in wenigen Stunden eine solche Überschwemmung verursachte, daſs alle Menschen und Thiere des ganzen mittlern Theils der Halbkugel, von Luisiana und Kalifornien an bis zu der Erdenge Panama, dadurch zu Grunde gingen; wenige einzelne ausgenommen, die so unglücklich waren, in den Klüften der höchsten Gebirge einem feuchten Tode zu entrinnen, um aus Mangel an Lebensmitteln von einem trocknen aber unendliche Mahl grausamern aufgerieben zu werden.

Hüet und seines gleichen würden kein Bedenken tragen, uns zu versichern, daſs diese alte Mexikanische Sage nichts anders als eine durch die Länge der Zeit abgenutzte, und (nach Gewohnheit der blinden Heiden) mit Fabeln wieder unterlegte und ausgeflickte Nachricht von der Mosaischen allgemeinen Sündflut sey.

Ich bin nicht belesen genug, mit einem so belesenen Manne wie Hüet zu haberechten. Es kann seyn! — Aber da es eben so möglich ist, daſs diese Mexikanische Überschwemmung nur partikular gewesen und später erfolgt ist als jene; und da, aus Mangel zuverlässiger kronologischer Nachrichten, sich in dieser Sache nichts bestimmen läſst: so — überlasse ich diese Frage unberührt einem jeden, der sich ihrer annehmen will, — um zu derjenigen interessanten Begebenheit fortzueilen, welche der Leser, wofern er über diesem Anfang noch nicht eingeschlafen ist, im zweyten Kapitel dieses rhapsodischen Werkes, mit allen Grazien der Neuheit, deren eine so alte Geschichte nur immer fähig ist, beschrieben finden wird.

## 2.

Ein junger Mensch — der jedoch alt genug war, um zu wissen dafs man ihn Koxkox zu nennen pflegte, ehe dieses entsetzliche Schicksal sein Vaterland befiel, — hatte das Glück, der allgemeinen Zerstörung zu entrinnen, und das Unglück, allem Ansehen nach das einzige menschliche Wesen zu seyn, dem dieses Glück zu Theil geworden war.

Koxkox glaubte sich zu erinnern, dafs der Frühling, welcher, so bald als das Gewässer von den höher liegenden Orten abgeflossen war, wieder aufzublühen anfing, wenigstens der zehente sey, den er erlebt hätte; — ein Umstand, der zur Ehre seines Verstandes wenigstens so viel beweist, dafs er drey und ein Drittel Mahl besser zählen konnte, als die armen Einwohner von Neuholland, welche es bis auf diesen Tag noch nicht weiter als bis zur Pythagorischen Drey haben bringen können; — wenn wir so gut seyn wollen,

es den Reisebeschreibern zu glauben. — Und
in der That wär' es, das wenigste zu sagen,
sehr unfreundlich, wenn wir Leuten, welche
sich so vielen Gefahren und Beschwerden unterzogen haben, um uns andern *glebae addictis* — Wunderdinge nach Hause zu bringen,
eine so wenig kostende Kleinigkeit, als ein
Bifschen Glauben ist, versagen wollten.

Zu Folge der besagten Rechnung also,
mochte Koxkox, wofern er sich anders nicht
überzählt hatte, — welches gröfsern Kronologen als er begegnet ist, und noch täglich
begegnet — ungefähr vierzehn bis funfzehn
Jahre alt seyn; vorausgesetzt, dafs er sich
wenigstens bis auf sein fünftes Jahr habe zurück
erinnern können, welches von einem Jüngling
von erträglicher Fähigkeit nicht zu viel gefordert scheint.

Man weifs nicht wie es zugegangen, dafs
er während der Überschwemmung und eine
geraume Zeit hernach sich bey Leben erhalten konnte. Was seyn soll, mufs sich schicken,
sagten unsre Alten, — die mit ihren Sprichwörtern gemeiniglich mehr sagten, als manche
Leute zu verstehen fähig sind. — Im Nothfall
sehe ich nicht, warum wir nicht unendliche
Mahl befugter seyn sollten, ihn durch ein
Wunder zu retten, als die Kronikenschreiber

des achten und etlicher folgender Jahrhunderte es waren, Wunder auf einander zu häufen, wo man nicht begreifen kann, wozu sie dienen sollen; — denn die Rettung eines Menschen in einem Falle wie dieser scheint doch wohl ein *dignus vindice nodus* zu seyn.

Wofern aber der eine oder andere von unsern Lesern kein Liebhaber dieser Art von Entwicklung — welche, genau zu reden, in der That keine Entwicklung ist — seyn sollte: so, däucht uns, könnte man sich billig daran begnügen lassen, daſs Koxkox, beſage seiner ganzer Geschichte, da war. Denn war er da, so ist die Möglichkeit seines Daseyns aufser allem Zweifel; wie jedermann zugeben wird, der seinen Aristoteles oder Baumeister nicht ganz vergessen hat.

---

### 3.

Das Land, worauf sich Koxkox befand, war durch die besagte Überschwemmung zu einer Insel geworden. Nach einiger Zeit hatte die Erde wieder angefangen eine lachende Gestalt zu gewinnen; junge Haine kränzten wieder die Stirne der Berge, und diese Haine wimmelten in kurzer Zeit wieder von Papagayen und Kolibri's; die Fluren, die Thäler waren voll Blumen und fruchttragender Gewächse; — kurz, da er nun immer weniger Schwierigkeiten fand sich fortzubringen, würde sich sein Herz der Freude wieder haben öffnen können: wenn die Einsamkeit, welche keinem Menschen gut ist, für einen Menschen von sechzehn oder siebzehn Jahren nicht beynahe eben so entsetzlich wäre, als für den einsiedlerischen Talapoin — welcher, um desto ruhiger der Betrachtung des geheimnifsvollen Nichts (des Ursprungs und Abgrunds aller Dinge, nach Fohi's Grundsätzen) obzuliegen, sich dreyſsig ganzer Jahre aus aller männlichen und weiblichen Gesellschaft freywillig verbannt hatte, — der beleidigende Anblick eines nymfenähnlichen Mädchens, das sich in seine Wildniſs verirret hätte.

Die Einsamkeit — ich meine hier eine solche, welche nicht von unserm Willen abhängt, und in einer gänzlichen Beraubung aller menschlichen Gesellschaft besteht — muſs für Menschen, die an die Vortheile und Annehmlichkeiten des gesellschaftlichen Lebens gewöhnt sind, ein unerträgliches Übel seyn. Freylich nicht für alle in gleichem Grade. — Der Dichter, der Platonist, der schwärmerische Liebhaber, es sey nun daſs er in eine materielle oder unsichtbare Schönheit verliebt ist, kurz die *Penserosi* aller Gattungen und Arten, entreiſsen sich oft freywillig dem Getümmel der Städte, fliehen aufs Land, in wilde Gegenden, wo überhangende Felsen, finstre Wälder, fern her schallende Wasserfälle, die süſse Schwermuth unterhalten, welche das Element einer begeisterten Einbildung ist. Solche Leute würden sichs, wenigstens eine Zeit lang, auf einer einsamen Insel gefallen lassen können. Wenn sie anfingen das Leere ihres Zustandes zu fühlen, wie viele Hülfsmittel würde ihnen ihre Einbildungskraft darbieten! Sie würden Berge und

Haine und Thäler mit eingebildeten Wesen anfüllen; sie würden mit den Nymfen der Bäche, mit den Dryaden der Bäume Liebesverständnisse unterhalten; und wenn auch dieses Mittel nicht immer hinlänglich wäre, die Forderungen der Natur und des Herzens zu befriedigen, so würde es doch genug seyn, um sie zuweilen einzuschläfern und durch angenehme Träume zu täuschen; — und alle Bonzen und Bonzinnen auf beiden Seiten des Ganges wissen, „daſs angenehme Träume sehr viel sind, wenn man nichts substanzielleres haben kann."

Aber der arme Koxkox hatte keinen Begriff von diesen Mitteln sich die Einsamkeit zu versüſsen. Das Volk, welches in den Gewässern des Kometenschweifes ersäuft worden war, hatte sich noch in den ersten Anfangsgründen des geselligen Standes befunden. Zufrieden mit den freywilligen Geschenken der Natur, hatten sie noch wenig Gelegenheit gehabt, ihre Fähigkeiten zur Kunst zu entwickeln. Ihre Einbildungskraft schlummerte noch, und ihre Sprache war nur sehr wenig reicher und wohlklingender als die Sprache der wilden Truthühner, womit ihre Wälder angefüllt waren. Die Erziehung, welche Koxkox unter einem solchen Völkchen genossen hatte, konnte ihm also wenig oder gar nichts helfen, die Beschwerlichkeiten des verlassenen Zustandes, worin er sich befand, zu erleichtern. Hingegen ersetzte sie ihm auf einer andern Seite wieder, was auf dieser abging; sie verhinderte ihn das Elend seines Zustandes zu fühlen.

## 4.

Indessen erinnerte er sich doch ganz lebhaft, daſs er in seinem vorigen Zustande unter andern Kindern gewesen war, daſs sie mit einander gespielt hatten, und daſs unter diesen Spielen ein Tag nach dem andern wie ein Augenblick vorbey geschlüpft war. Er merkte, daſs ihm jetzt die Tage länger vorkamen; öfters so lang, daſs es nicht auszustehen gewesen wäre, wenn er sich nicht damit geholfen hätte, sich in irgend ein dickes Gebüsche hinzulegen, und den ganzen langen Tag so gut hinweg zu schlafen, als ob es nur eine einzelne Stunde gewesen wäre. Lebhafte Träume versetzten ihn dann in die Tage seiner Kindheit; er jagte sich mit seinen Gespielen durch Gebüsche herum, sie plätscherten mit einander in kühlen Bächen, oder kletterten an jungen Palmbäumen hinauf. Keichend erwachte er darüber, und wurde nun so traurig über seine Einsamkeit, daſs er sich wieder hinlegte zu träumen. Aber weder Schlaf noch Traum war so gefällig wieder zu kommen. In dem schwermüthigen staunenden Zustande, worein ihn diese Lage setzte, blieb ihm nichts anders übrig, als mit sich selbst zu reden, — welches sich gemeiniglich damit endigte, daſs er unwillig darüber wurde, keine Antwort zu bekommen, — oder mit etlichen Papagayen zu spielen, aus welchen er sich, in Ermanglung einer beſsern, eine Art von Gesellschaft gemacht hatte.

Die Papagayen hatten die schönsten Federn von der Welt, — aber eine so dumme, gleichgültige, gedankenlose Miene, so wenig Fähigkeit zu ergetzen oder sich ergetzen zu lassen, daſs sogar Koxkox bey aller seiner eigenen Einfalt verlegen war, was er mit ihnen anfangen sollte.

Ein einziger aschgrauer, den er Anfangs wegen seiner unscheinbaren Gestalt wenig geachtet hatte, entdeckte ihm endlich ein Talent, welches ihm eine Art von Zeitvertreib gab, ohne daſs er sogleich merkte, wie viel Vortheil er davon ziehen könnte. Der graue Papagay gab allerley Töne von sich, welche einige Ähnlichkeit mit gewissen Worten hatten, die er aus den Selbstgesprächen des Koxkox aufgefangen haben mochte. Koxkox merkte diefs kaum, so machte er sich schon ein sehr angelegenes Geschäft daraus, der Sprachmeister seines Papagayen zu werden; welcher, bey seiner Lernbegierde und Fähigkeit, die ganze Kunst seines Lehrers ziemlich bald erschöpfte.

Unvermerkt sprach der Papagay so gut Mexikanisch als Koxkox selbst. Wahr ists, ein strenger Dialektiker würde oft sehr viel gegen seine Wortverbindungen einzuwenden gehabt haben. Hingegen gelangen ihm auch nicht selten die witzigsten Einfälle; und wenn er zuweilen baren Unsinn sagte, so kam es blofs daher, weil er keine Begriffe, sondern blofse Wörter zusammen stellte: — ein Zufall, wovon, wie man glaubt, die weisesten Männer, ja sogar ganze ehrwürdige Versammlungen von weisen Männern, nicht allezeit frey gewesen sind.

Koxkox und sein Papagay waren nunmehr im Stande Gespräche mit einander zu führen, die zum wenigsten so witzig und interessant waren, als die Unterhaltung in den meisten heutigen Gesellschaften ist, wo derjenige sehr wenig Lebensart verrathen würde, welcher mehr Zusammenhang und Sinn darein bringen wollte, als in der Unterhaltung mit einem Papagay ordentlicher Weise zu herrschen pflegt.

Tlantlaquakapatli, ein angesehener Mexikanischer Filosof, trägt kein Bedenken, den **Anfang des gesellschaftlichen Lebens** unter seiner Nazion von dieser Vertraulichkeit **Koxkoxens** mit seinem **Papagay** abzuleiten.

Die Dichter des Landes gingen noch weiter. Sie versicherten, — mit einer Freyheit, deren sich diese Zunft bey allen Völkern des Erdbodens zu allen Zeiten mit sehr wenig Mäſsigung bedient hat, — „daſs irgend eine mitleidige Gottheit sich den Zustand des einsamen **Koxkox** zu Herzen gehen lassen, und den oft besagten Papagay in das schönste Mädchen, das jemahls von der Sonne beschienen worden sey, verwandelt habe." Und damit die Weiber (sagen sie) ein immer währendes Merkmahl ihres **Ursprungs** an sich trügen, habe dieser Gott dem neuen Mädchen und allen seinen Töchtern die Schwatzhaftigkeit gelassen, welche ihm in seinem Papagayenstand eigen gewesen.

Wenn man (sagt der vorbenannte Filosof) dieses Mährchen behandelt, wie alle Mährchen, welche von Anbeginn der Welt bis auf diesen

Tag in Prosa, oder in Versen, oder in beiden zugleich erzählt worden sind, ohne Ausnahme behandelt werden sollten, — d. i. wenn man (durch eine so leichte Operazion, daſs eine jede Amme Verstand genug dazu hat) das Wunderbare darin vom Natürlichen scheidet; so wird man finden: „daſs gerade so viel Wahres daran ist, als am Boden sitzen bleibt, nachdem das Wunderbare im Rauch aufgegangen ist." Nehmlich — —

## 5.

Koxkox gerieth einst, indem er mit seinem Papagay auf der Hand spazieren ging, in eine Gegend, wohin er noch nie gekommen war, — und da fand er unter einem Rosenstrauche — ein Mädchen schlafen, von dessen Anblick er auf der Stelle so entzückt wurde, dafs er eine gute Weile nicht im Stande gewesen wäre, zu sagen ob er wache oder träume.

Den Rosenstrauch ausgenommen, — denn ich sehe nicht, warum es nicht eben so wohl ein Balsamstrauch oder ein Rosinenstrauch oder ein Kokospflaumenstrauch hätte gewesen seyn mögen — scheint in dieser Geschichte, wenigstens bis hierher, nichts zu seyn, was der Wahrheit der Natur nicht vollkommen gemäfs wäre.

Die Entzückung des armen **Koxkox** endigte sich mit einem Schauer, der alle seine Glieder durchfuhr, und auf welchen eben so schnell ein Strom von geistigem Feuer folgte, der aus seinem Herzen sich in einem Augenblick durch sein ganzes Wesen ergoſs, und jedes unsichtbare Fäserchen davon elektrisch machte. Das Mädchen däuchte ihm das lieblichste unter allen Dingen, die jemahls bey Tageslicht oder Mondschein vor seine Augen gekommen waren.

Die ernsthaften Leute, welche ihm dieses übel nehmen, sollten (wie Tlantlaquakapatli sagt) bedenken, daſs er seit mehr als sechs und dreyſsig Monden nichts als Papagayen, Truthühner, Schlangen, Affen und Ameisenbären gesehen hatte.

Diese Entschuldigung (wofern es einer Entschuldigung bedurfte) scheint sehr gründlich zu seyn. Gleichwohl aber erklären wir hiermit und kraft dieses, daſs wir, aus billiger Rücksicht auf unsre schönen Leserinnen, an derselben keinen Antheil nehmen.

———————

## 6.

Es mag nun aus Vorurtheil, oder aus Aberglauben, oder aus wirklicher Überzeugung dafs es so und nicht anders gewesen, hergekommen seyn, — so viel ist gewifs: dafs die Mexikanischen Tiziane, wenn sie die Göttin der Schönheit, oder, prosaischer zu reden, eine vollkommene Schöne mahlen wollten, sich dazu durch die Idee der schönen Kikequetzel (so nennen sie die Nymfe, von welcher hier die Rede ist) zu begeistern pflegten.

Sie war, sagen sie, gerade und lang wie ein Palmbaum, und frisch und saftvoll wie seine Frucht. Ihre Gestalt war nach den feinsten Verhältnissen gebildet; vom Wirbel ihres Hauptes bis zu den Knöcheln ihrer schönen Füfse war nichts eckiges zu sehen noch zu fühlen. Rabenschwarze Haare flossen ihr in natürlichen Locken um den erhabenen Busen.

Sie hatte grofse schwarze Augen, eine kleine Stirne, hochrothe etwas aufgeworfene Lippen, eine Gesichtsfarbe die ins Jonquille fiel, eine flache aufgestülpte Nase — mit Einem Worte, niemahls (sagen sie) hat die Natur etwas vollkommneres hervorgebracht.

Ein junger Sineser rümpfte die Nase bey diesem Gemählde. — Eine Schöne, rief er, mit grofsen Augen! mit einer kleinen Stirne! mit aufgestülpten Nüstern! — Ha! ha! ha!

Sie mag, beym Goldkäfer! so übel nicht gewesen seyn, schnatterte ein Hottentott — und, beym Goldkäfer! wenn sie zu ihren grofsen Augen und dicken Lippen noch kurze dicke Beine und nicht so langes Haar gehabt hätte, ich bin euch nicht gut dafür, dafs ich mich nicht selbst in sie verliebt haben könnte.

Der Grieche — Aber, ach! es giebt keine Griechen mehr, welche wissen was die Gnidische Venus war!

Wir wollen nicht streiten, lieben Leute! — Der Himmel weifs, was für Drachen es in andern Planeten giebt, die sich selbst für schön, und alle unsre Liebesgöttinnen und Grazien für — Drachen halten!

Genug, die Nymfe **Kikequetzel** machte auf **Koxkoxen** denselben Eindruck, welchen Juno mit Hülfe des **Gürtels der Venus** auf den Vater der Götter, und die schöne Fryne ohne Gürtel auf hundert tausend tapfre Griechen mit Einem Mahle machte; — und darum allein ist es zu thun.

Übrigens hätte ich wohl selbst wünschen mögen, daſs die schöne **Kikequetzel** einen andern Nahmen geführt hätte. Unsre höchst verfeinerten Ohren sind durch die musikalischen Nahmen unsrer **Cefisen** und **Cidalisen**, **Adelaiden** und **Zoraiden**, **Nadinen** und **Aminen**, **Belinden** und **Rosalinden**, so verwöhnt, daſs wir uns keine liebenswürdige Person ohne einen schönen Nahmen denken können. Es ist ein bloſses Vorurtheil. Aber was für eine Wirkung würde **Kikequetzel** in einer **Tragödie** oder in einem **Heldengedicht**, oder nur in einer **kleinen Novelle** thun? — **Koxkox und Kikequetzel!** — Wehe dem Dichter, der den Einfall hätte, diese Nahmen über das mühvolle Werk seiner Nachtwachen zu setzen! Alle Grazien und Liebesgötter könnten ihn nicht gegen das Lächerliche und **Indecente**

in dem Nahmen Kikequetzel schützen. —
Ich wiederhohle es, ich hätte ihr einen andern
wünschen mögen; — und in der That, warum
hätte sie nicht eben so gut Zilia oder Alzire
heifsen können?

Ein blofser Zufall war Schuld daran.
Als sie mit Koxkoxen bekannt wurde,
hatte sie noch gar keinen Nahmen, und sie
lebten eine geraume Zeit mit einander, ohne
dafs es ihm einfiel ihr einen zu geben.

Die Wahrheit von der Sache ist: Kikequetzel (welches in Koxkoxens Sprache
ungefähr so viel als Freude des Lebens
bedeutet) war der Nahme, den er ehmahls
seinem grauen Papagay gegeben hatte.
Einige Sommer nach dem Tage, da er das
Mädchen unter dem besagten Rosenstrauche
gefunden hatte, befiel den armen Kikequetzel das Unglück, von einer Schlange gegessen
zu werden. Koxkox war etliche Tage untröstbar über diesen Verlust. Endlich fiel
ihm, um das Andenken seines geliebten Papagayen zu erhalten, nichts bessers ein,
als seinen Nahmen auf dasjenige überzutragen, was ihm das liebste in der Welt war:
und so hiefs das Mädchen Kikequetzel; —
und so hat schon tausendmahl ein eben so

zufälliger Umstand Dinge von unendliche Mahl gröfserer Wichtigkeit entschieden.

Der Umstand ist an sich so gering, dafs wir ihn nicht berührt hätten, wenn er nicht dem Herzen des guten Koxkox Ehre machte.

———————

## 7.

Sich hinsetzen und aussinnen, wie dem jungen Mexikaner, in dem Augenblicke, worin wir ihn zu Anfang des vorher gehenden Kapitels verlassen haben, zu Muthe gewesen seyn müsse, ist wahrlich keine so leichte Sache, als sich diejenigen vielleicht einbilden, die es nicht versucht haben.

Es ist noch lange nicht damit ausgerichtet, dafs man sich etwa frage: Wie würde mir an einem solchen Platze gewesen seyn? — Nichts betrügt mehr als diese Operazion; ob wir gleich gestehen müssen, dafs sie, mit gehöriger Vorsichtigkeit und zu rechter Zeit gemacht, allen Arten von Dichtern und Schauspielern — auf allen Arten von Schaubühnen gute Dienste thun kann.

Hundert verschiedene Personen würden an Koxkoxens Platze auf hunderterley verschiedene Weise empfunden und gehandelt haben. Zum Beyspiel:

Ein **Mahler** würde mit dem kältesten Blut einen haarscharfen Umriſs von der schlafenden Mexikanerin genommen haben.

Ein **inquisitiver Reisender** hätte die ganze Scene in sein Tagebuch abgezeichnet, — wenn er hätte zeichnen können; wo nicht, so hätte er wenigstens eine so genaue Beschreibung davon gemacht, als ihm seine **Eilfertigkeit** verstattet hätte.

Ein **Alterthumsforscher** würde alle alte Dichter und Prosaschreiber, Münzen, Aufschriften und geschnittene Steine in seinem Kopfe gemustert haben, um etwas darunter zu suchen, wodurch er diese Begebenheit **erläutern** könne.

Ein **Poet** hätte sich gegen über gesetzt, und indessen, bis sie erwacht wäre, ein Liedchen, oder wenigstens ein kleines Madrigal gedichtet.

Ein **Platonischer Filosof** hätte untersucht, wie viel ihr noch fehle, um dem **Ideal** eines schlafenden Mädchens gleich zu kommen?

Ein **Pythagoräer**, — was ihre Seele in diesem Augenblicke für **Visionen** habe?

Ein **Hedoniker**, — ob und wie es thunlich seyn möchte, ihren Schlummer durch eine angenehme Überraschung zu unterbrechen?

Ein **Faun** würde bey der Ausführung angefangen haben, ohne zu untersuchen.

Ein **Stoiker** hätte sich selbst bewiesen, daſs er keine Begierden habe, weil — der Weise keine Begierden hat.

Ein echter **Epikuräer** hätt' es, nach einer **kurzen** Überlegung, nicht der Mühe werth gefunden, die Sache in **längere** Überlegung zu nehmen.

Ein **Skeptiker** hätte die Gründe **für** so lange gegen die Gründe **wider** abgewogen, bis sie erwacht wäre.

Ein **Sklavenhändler** hätte sie taxiert, und, nach Berechnung der Unkosten und des Profits, auf Mittel gedacht sie sicher nach Jamaika zu bringen.

Ein **Missionar** hätte sich in die Verfassung gesetzt, sie, so bald sie erwachen würde, auf der Stelle zu bekehren.

.

Robert von Arbrissel würde sich so nahe als möglich zu ihr hingelegt und sie so lange unverwandt betrachtet haben, bis er, dem Satan zu Trotz, gefühlt hätte, daſs sie ihm nicht mehr Emozion mache als ein Flaschenkürbiſs.

Sankt Hilarion wäre seines Weges fortgegangen und hätte sie gar nicht angesehen.

Und so weiter — — —

Aber Koxkox — was Koxkox empfand und dachte, das verdient ein besonderes Kapitel.

## 8.

Koxkox war, nach der gelehrten Zeitrechnung des Filosofen Tlantlaquàkapatli, — gegen welche sich vielleicht Einwendungen machen liefsen, ohne dafs den Wissenschaften ein merklicher Nutzen aus der ganzen Erörterung zugehen würde — Koxkox, sage ich, war in dem wichtigen Augenblicke, wovon die Rede ist, achtzehn Jahre, drey Monate, und einige Tage, Stunden, Minuten und Sekunden alt.

Er war fünf Fufs und einen halben Palm hoch, stark von Gliedmafsen, und von einer so guten Leibesbeschaffenheit, dafs er niemahls in seinem Leben weder Husten, noch Schnupfen, noch Magendrücken, noch irgend eine andre Unpäfslichkeit gehabt hatte; — welchen Umstand der weise und vorsichtige Kornaro, in seinem bekannten Buche von den Mitteln alt zu werden, seiner Mäfsigkeit und einfältigen Lebensart zuschreibt.

Die Absonderung seiner Säfte ging also vortrefflich von Statten, und die flüssigen Theile befanden sich bey ihm mit den festen in diesem glücklichen Gleichmafse, welches, nach dem göttlichen Hippokrates, die Bedingung einer vollkommenen Gesundheit ist.

Alle seine Sinne und sinnlichen Werkzeuge befanden sich in derjenigen Verfassung, welche — in allen Handbüchern der Wolfischen Metafysik — zum Empfinden erfordert wird. Die Kanäle seiner Lebensgeister waren nirgends verstopft, und die Fortpflanzung der äufsern Eindrücke in den Sitz der Seele, (welcher, im Vorbeygehen zu sagen, ihm so bekannt war als irgend einem Psychologen unserer Zeit) nebst der Absendung der Volizionen und Nolizionen aus dem Kabinet der Seele in die äufsersten Fäserchen derjenigen Werkzeuge, welche bey Ausführung derselben unmittelbar interessiert waren, ging mit der gröfsten Leichtigkeit und Behendigkeit von Statten.

Er hatte ungefähr vor zwey Stunden eine starke Mahlzeit von Früchten und geröstetem Maiz gethan, und ungefähr drey Nöfsel von einem Trank aus Wasser, Kakaomehl und Honig zu sich genommen, von welchen beiden Ingredienzien das erste bekannter Maſsen sehr nährend, und das andere, nach Boerhaave und allen die Er abgeschrieben hat und die Ihn abgeschrieben haben, ein vortreffliches Konfortativ ist, dessen Koxkox weniger als irgend einer von unsern angeblichen Mädchenfressern nöthig gehabt zu haben scheint.

Es war ungefähr um vier Uhr Nachmittags, in dem Monat, worin ein allgemeiner Geist der Liebe die ganze Natur neu belebt, alle Pflanzen blühen, tausend Arten von bunten Fliegen und Schmetterlingen, aus ihren selbst-gesponnenen Gräbern aufgestanden, ihre feuchten Flügel in der Sonne versuchen, und zehen tausend vielfarbige Wizizilis auf jungen Zweigen aus ihrem langen Winterschlummer erwachen, um unter Rosen und Orangenblüthen zu schwärmen, und ihr wollüstiges Leben, welches mit der Blumenzeit anfängt, zugleich mit ihr zu beschlieſsen.

Es ist sehr zu bedauern, daſs Tlantlaquakapatli, aus Mangel eines Reaumürschen oder irgend eines andern Thermometers, nicht im Stande war, den Grad der Wärme zu bestimmen, auf welchem sich damahls die Luft befand.

Es war ein schöner, warmer Tag, sagt er, die Luft rein, und der oberste Theil derselben lasurblau; und es wehte ein angenehmer Wind von Nord-West-West, welcher die Sonnenhitze so gut mäſsigte, daſs das Roth auf Koxkoxens Wangen, etliche Augenblicke zuvor eh' er das schlafende Mädchen erblickte, nicht höher war, als es auf den innersten Blättern einer neu aufgehenden Rose zu seyn pflegt.

Unser Filosof — welcher glaubt, daſs alle diese Umstände bey Berechnung der Ursachen und Wirkungen der menschlichen Leidenschaften mit in die Rechnung gebracht werden müssen — ist eben so genau in Angebung aller der kleinen Bestimmungen, unter welchen die schöne Kikequetzel dem jungen Mexikaner in die Augen stach.

Seiner Beschreibung nach, war sie gerade so gekleidet, wie die Grazien der Griechen oder die Töchter der Karaiben auf den Antillen, das ist in derjenigen Kleidung, wegen welcher der ältere Plinius — vermuthlich in einem Anstoſs von schlimmer Laune — mit der Natur einen Zank anfängt, der uns (alles wohl überlegt) der unbilligste unter allen scheint, welche jemahls ein miſsmüthiger Filosof mit ihr angefangen hat. [1]

---

[1] *Plin. Histor. Natural. L. VII. in prooemio.*

Sie lag auf einem grünen Rasen, dessen dichtes blumenvolles Gras sie (wie Homer von seiner bekannten Göttergruppe auf dem Ida sagt) sanft empor zu heben schien. Ihr Haupt ruhte auf einem Haufen der schönsten Blumen, welche sie vermuthlich selbst (es wäre denn, dafs man glauben wollte, dafs Zefyr oder irgend ein andrer Sylfe ihr diese Galanterie gemacht habe) zu diesem Gebrauch zusammen getragen hatte. Ihr rechter Arm — dessen schöne Form unser Filosof nicht unbemerkt läfst — verbarg einen Theil ihres Gesichts, und bekam durch die Verkürzung, und den sanften Druck, den er von seiner Lage litt, einen Reitz, der — wie alle Grazien — sich besser fühlen als zeichnen, und besser zeichnen als beschreiben läfst. — Das leichte Gesträuch, welches eine Art von Sonnenschirm um sie zog, warf kleine bewegliche Schatten auf sie hin, welche die pittoreske Schönheit des Gemähldes — denn noch war es nichts mehr für unsern Mann — erheben halfen.

### 9.

Tlantlaquakapatli untersteht sich aus verschiedenen Ursachen nicht, zu bestimmen, wie schön das Mädchen gewesen sey; — denn

Erstlich, (sagt er) fehlen mir dazu die nöthigen Originalgemählde, Zeichnungen, Abdrücke, u. s. w.

Zweytens, haben wir kein allgemein angenommenes Mafs der Schönheit, und

Drittens, ist auch keines möglich, — bis alle Menschen, an allen Orten und zu allen Zeiten, aus einerley Augen sehen, und den Eindruck mit einerley Gehirn auffassen werden; — und das, spricht er, hoffe ich nicht zu erleben.

Indessen getraut er sich so viel zu behaupten, dafs sie, so wie sie gewesen, dem ehrlichen Koxkox das schönste und lieblichste Ding in der ganzen Natur geschienen habe; —

und wir zweifeln, ob es möglich sey ihm das Gegentheil zu beweisen.

Die Wahrheit zu sagen, bey einem Dinge, welches das einzige in seiner Art ist, hat weder Vergleichung noch Übertreibung Statt. Koxkox konnte keine Idee von etwas besserm haben als er vor sich sah. Seine Einbildungskraft hatte gar nichts bey der Sache zu thun; seine Sinne und sein Herz thaten alles. Kikequetzel hätte so schön seyn mögen als Kleopatra, Poppäa, Roxelane oder Frau von Montespan, oder, wenn ihr lieber wollt, so schön als Oriane, Magellone, Frau Kondüramur, und die Prinzessin Dulcinea selbst, ohne daß sie ihm um ein Haar schöner vorgekommen wäre, oder um den hundertsten Theil des Drucks eines Blutkügelchens mehr Eindruck auf ihn gemacht hätte, als so wie sie vor ihm lag.

„Das ist wunderlich." — Es ist nicht anders, mein Herr.

Unser Autor — dessen verloren gegangene Schriften der geneigte Leser um so mehr mit mir bedauern wird, als uns diese Probe von seinem Beobachtungsgeiste keine schlechte Meinung giebt — geht noch weiter, indem er sich sogar getraut, die eigensten Empfindungen von Augenblick zu Augenblick zu bestimmen, welche Koxkox, einem so unverhofften Gegenstand gegen über, habe erfahren müssen.

Beym ersten Anblick, spricht er, schauerte der Jüngling, in einer Art von angenehmem Schrecken, zwey und einen halben Schritt zurück.

Im Zweyten Momente guckte er, mit aller Begierde eines Menschen der sich betrogen zu haben fürchtet, wieder nach ihr hin. Der Durchmesser seines Augapfels wurde um eine halbe Linie gröfser; er hielt die linke Hand etwas eingebogen vor seine Stirne, so dafs der Daumen an den linken Schlaf zu liegen kam, und schlich sich allgemach mit zurück gehaltenem Athen näher, um sie desto besser betrachten zu können.

Im Dritten Momente glaubte er einen kleinen Unterschied zwischen ihrer Figur und der seinigen wahrzunehmen, und eine Bestürzung von der angenehmsten Art, welche ihn bey dieser Entdeckung befiel, nahm
 Im Vierten, und
  Fünften dergestalt zu, dafs er im
   Sechsten eine Art von Beklemmung ums Herz fühlte, welche sich ungefähr im

Neunten oder Zehenten mit der oben besagten Ergiefsung des subtilen elektrischen Feuers aus seinem Herzen durch alle Adern, Kanäle und Fasern seines ganzen Wesens endigte.

Dieser letzte Augenblick ist, nach der Meinung unsers Autors, der angenehmste in dem ganzen Leben eines Menschen; und dasjenige, was er darüber filosofiert, scheint uns nicht unwürdig zu seyn, in einem kleinen Auszuge zu einem eigenen Kapitel gemacht zu werden.

## 10.

Die ganze Natur, spricht er, zeugt von der Güte und Weisheit ihres Urhebers.

Aber in der ganzen Natur überzeugt mich, — Tlantlaquakapatli, Mixquitlipikotsohoitl's Sohn, nichts vollkommner und inniger von dieser gröfsten und besten aller Wahrheiten, als die Beobachtung der besondern Aufmerksamkeit, welche dieser unsichtbare Geist der Natur darauf gewandt hat, — den höchsten Grad des Vergnügens, dessen der Mensch fähig ist, mit denjenigen Empfindungen unauflöslich zu verbinden, welche den grofsen Endzweck seines Daseyns unmittelbar befördern.

Glaub' ich, am Ende einer feurigern Bestrebung meines Geistes durch die krummen Irrgänge der Einbildung, eine schon lange vor mir fliehende Wahrheit erhascht zu haben;

Oder, unterhalt' ich mich, einsam und in mich selbst gesammelt, mit dem Anschauen eines tugendhaften Karakters; — ich seh' ihn in Handlung gesetzt, in Versuchungen verwickelt, mit Schwierigkeiten umringt; — ich zittre für ihn; — und nun, in dem grofsen Augenblicke der Entscheidung, seh' ich ihn seiner würdig handeln, und meine schüchterne Hoffnung durch die schönste der Thaten überraschen;

Oder, mein besseres Selbst hat in diesem Augenblick einen Sieg über das unedlere erhalten; — ich habe eine eigennützige Bewegung unterdrückt, welche mich verhindern wollte etwas Gutes zu thun, da ich einen Wink dazu bekam; — oder eine übelthätige, welche mich aufwiegelte eine Beleidigung zu rächen, weil ich es, ohne Besorgnifs mir selbst dadurch zu schaden, hätte thun können;

Oder, ich habe dem süfsen Zug der Menschlichkeit gefolget, und mit sanfter mitleidiger Hand die Thränen des Unglücklichen abgewischt, die Freude ins bleiche Gesicht des Bekümmerten zurück gerufen:

In allen diesen, und in allen ähnlichen Fällen, fühle ich, in dem entscheidenden Augenblicke, diese göttliche Flamme sich mit einer unaussprechlichen geistigen Wollust durch mein ganzes Wesen ergiefsen, und den sittlichen Menschen mit dem animalischen wie in Eins zusammen schmelzen; — und ich sag' und schwöre, dafs keine andre Wollust so süfs, so befriedigend, und — wenn ihr mir diesen Ausdruck gestatten wollt — so vergötternd ist als diese.

Ich habe, fährt er fort, auch unter Rosen gelegen, o Motezuma! Ich habe mich auch in den Düften des Rosenstrauchs, im säuerlich-süfsen Nektar des Palmbaums, und in den süfsern Küssen des Mädchens berauscht. — Hab' ich nicht den Becher der Freude rein ausgetrunken, und den letzten Tropfen von meinem Nagel abgesogen? — Aber, ich behaupte dir und schwöre, dafs die Wollust eine gute That zu thun — die gröfste aller Wollüste ist!

Sanft ruhe deine Asche, weiser und empfindungsvoller Tlantlaquakapatli! und Friede sey mit deinem Schatten, wo er auch irren mag! Wenn schon dein Nahme in keinem Gelehrtenregister prangt, und kein hohlaugiger Kommentator, in eine Wolke von Lampendampf (das Sinnbild seiner viel wissenden Dummheit) eingehüllt, polyglottische Noten mit schwerer Arbeit zu deinen Werken zusammen getragen hat: so soll dennoch — oder mein weissagender Genius müfste mich gänzlich betrügen — dein Gedächtnifs noch dauern, wenn ich lange, wie du selbst, Staub bin, und von dem Menschenfreunde gesegnet werden, dessen klopfendes Herz dir die grofse Wahrheit beschwören hilft: dafs die Wollust eine gute That zu thun die gröfste aller Wollüste ist.

Wenn der Urheber des Menschen (so beschliefst mein Freund Tlantlaquakapatli seine Betrachtung) den Trieben, von welchen die Vermehrung unsrer Gattung die Folge ist, einen Theil dieser göttlichen Wollust, von welcher ich rede, eingesenkt hat: so kann ich nichts anders vermuthen, als dafs es darum geschehen sey, weil dieses Geschäft, wiewohl an sich selbst blofs animalisch, für das menschliche Geschlecht von solcher Wichtigkeit ist, dafs er es in dieser Betrachtung würdig fand, die Menschen durch dieselbe Belohnung, die er mit den edelsten Handlungen verbunden hat, dazu einzuladen.

## 11.

Die Empfindungen des jungen Mexikaners waren so heftig, dafs er sich an einen Baum, der Schlafenden gegen über,. lehnen mufste, um nicht unter ihrer Gewalt einzusinken.

Die Freude, eine Gesellschaft zu finden, von welcher er sich mehr Vergnügen und Vortheil versprach als von seinen Papagayen,
Die Anmuthung, welche ihm ihre Ähnlichkeit mit ihm einflöfste,
Eine andere unbekannte Regung, die gerade aus dem Gegentheil entsprang,
Das Vergnügen an ihrem blofsen Anschauen, und die dunkle Ahnung, welche seine Brust mit noch süfsern Erwartungen schwellte —
Alle diese Regungen, welche ihm so fremd und doch so natürlich, so angenehm und doch so unverständlich waren, — konnten, (wie

Tlantlaquakapatli meint) wenn wir auch
alles dasjenige, was die Umstände des Subjekts,
der Zeit, des Ortes, u. s. w. dazu beytragen
mochten, abziehen, nicht weniger als die ange-
gebene Wirkung hervorbringen.

Es ist in der menschlichen Natur, daſs wir
uns das wirkliche Vorhandenseyn eines Gegen-
standes, den uns die Augen bekannt gemacht
haben, durch einen andern Sinn zu beweisen suchen, welcher (wie alle Ammen und
Kinderwärterinnen zehentausendmahl zu beobachten Gelegenheit haben) der erste ist, durch
den wir unser eigenes Daseyn fühlen,
und der eben dadurch zum Werkzeug wird,
womit wir, von der Natur selbst dazu angewie-
sen, die Wirklichkeit der Fänomene, die uns
umgeben, auf die Probe setzen.

Nichts war demnach natürlicher als der
Zweifel, der nach einer kleinen Weile in
Koxkoxen aufstieg, „ob das, was er sah,
auch wirklich sey?"

Eben so natürlich war, daſs er diesen
Zweifel kaum empfand, als er sich schon der
schlafenden Nymfe näherte, um sich durch den
vorbesagten Sinn zu erkundigen, was er von
der Sache zu glauben hätte.

Er streckte schon seine rechte Hand aus, — als ein abermahliger Schauder sein Blut aus allen Adern gegen die Brust zurück drückte; und — wie ein Pfeil, der unmittelbar am Ziele alle seine Kraft verloren hat — sank der nervenlose Arm zurück.

Er betrachtete das Mädchen von neuem: und da sich mit jedem Augenblicke seine Furcht verlor, und die Begierde, sich ihrer Körperlichkeit zu versichern, zunahm; so streckte er noch einmahl seine rechte Hand aus, bückte sich mit halbem Leib über sie hin, und legte, so sacht es ihm möglich war, die zitternde Hand auf ihre linke Hüfte.

Man' müſste gar nichts von der menschlichen Natur verstehen, sagt der Mexikanische Filosof, wenn man sich einbilden wollte, daſs er es bey diesem ersten Versuch habe bewenden lassen können. Die Wichtigkeit der Wahrheit von der er sich versichern wollte, und das Vergnügen, welches mit der Untersuchung unmittelbar verbunden war, vereinigten sich mit einander, ihn zu vermögen das Experiment fortzusetzen.

Unvermerkt, und mehr durch einen mechanischen Instinkt als mit Vorsatz, schweifte die forschende Hand von dem Orte, den sie zuerst berührt hatte, zum sanft gebogenen Knie herab.

Was in diesen Augenblicken in ihm vorging, läſst sich nicht beschreiben. Die Wahrheit ist, daſs er selbst unfähig gewesen wäre Rechenschaft davon zu geben. Denn (um den Leser nicht unnöthig aufzuhalten) seine Augen fingen an trüb zu werden, und vor lauter Empfindung sank er ohne Empfindung neben die schöne Kikequetzel hin, so daſs die Hälfte seines Gesichts ungefähr eine Spanne und anderthalb Daumen über ihrem besagten linken Knie aufzuliegen kam.

Das Mädchen erwachte in diesem nehmlichen Augenblicke.

12.

Tlantlaquakapatli findet, eh' er weiter geht, vor allen Dingen nöthig, uns zu berichten, daſs die schöne Kikequetzel, zu der Zeit, da Mexiko in den Wassern des oben besagten Kometenschwanzes unterging, ein Kind von eilf bis zwölf Jahren gewesen sey. Mit diesem armen Kinde auf dem Rücken habe sich ihre Mutter auf einen hohen Berg geflüchtet, wo sie sich, bis das Gewässer wieder abgeflossen, in einer Höhle aufgehalten, und von den Eyern einiger Vögel, die in dem Felsen nisteten, gelebt hätte.

Da diese unglückliche Mutter, auf allen ihren Herumschweifungen in dem neuen Lande, welches aus dem Wasser wieder hervor gegangen war, keine Spur von Menschen gefunden hatte: so blieb ihr nichts anders übrig, als sich an den trostlosen

Gedanken zu gewöhnen, daſs sie und ihre kleine Tochter die einzigen Geretteten seyen.

Sie waren also eines dem andern die ganze Welt. Alle ihre Empfindungen koncentrierten sich in ihre gegenseitige Liebe. Das kleine Mädchen kannte kein gröſseres Vergnügen, als ihrer Mutter die Sorge für ihre Erhaltung so gut sie konnte zu erleichtern, ihr die schönsten Blumen zu bringen, die sie auf ihren kleinen Wanderungen fand, und die Thränen, die oft wider ihren Willen dem geheimen Kummer ihres Herzens Luft machten, von ihren Wangen und von ihrem Busen wegzuküssen.

Drey Sommer hatten sie auf diese Weise mit einander verlebt, als die gute Mutter einsmahls das Unglück hatte, durch einen Fall von einem Kokosbaum, auf den sie sich, um die Früchte zu pflücken, gewagt hatte, das Leben einzubüſsen.

Das trostlose Mädchen, nachdem sie etliche Tage lang alles mögliche versucht hatte die Todte wieder zu beleben, sah sich endlich gezwungen, ihre Hoffnung aufzugeben, und entfernte sich von dem traurigen Orte. Sie gerieth in unbekannte Gegenden, deren natürliche Fruchtbarkeit ihr allenthalben anbot, was sie zu Erhaltung ihres Daseyns nöthig hatte.

Ihre Mutter hatte ihr einige unvollkommene Begriffe von dem vorigen Zustand ihres Volkes gegeben. Sie hatte sich so viel daraus gemerkt, dafs es eine Art von Menschen gegeben habe, welche nicht völlig so gewesen wie sie selbst. Sich deutlicher zu erklären hatte die Mutter für unnöthig gefunden, da das Mädchen noch ein Kind war, und bestimmtere Kenntnisse ihr ohnehin, in dem einsamen Zustande wozu sie verurtheilt schien, zu nichts dienen konnten. Indessen wufste das Mädchen schon genug, um ein sehr lebhaftes Verlangen in sich zu fühlen, einen von diesen Menschen zu finden; wenn es auch nur gewesen wäre, um zu wissen wie sie aussähen.

Sie war in der vollen Blüthe der Jugend, als Koxkox sie zuerst antraf; und aufser der besagten Neugier, welche täglich wuchs, hatte ihr Herz, durch die Liebe zu ihrer Mutter, und die Gewohnheit, in den melankolischen Stunden der guten Frau ihr trauern und weinen zu helfen, eine stärkere Anlage zu zärtlichen Empfindungen bekommen, als die blofse Natur den meisten ihres Geschlechts zu geben pflegt.

Sie mußte also entsetzlich zärtlich seyn, sagt Tlantlaquakapatli.

Der Abkürzer dieser anekdotischen Geschichte hält es für seine Schuldigkeit, eh' er zu demjenigen fortschreitet, was auf das Erwachen der schönen und zärtlichen **Kikequetzel** folgte, seine auf Europäische Manier schönen und zärtlichen Leserinnen zu ersuchen, es — nicht einer vorsetzlichen Absicht, die Delikatesse ihrer Empfindungen zu beleidigen, oder der Würde ihres Geschlechtes (dessen Verehrer er allezeit zu bleiben hofft) zu nahe zu treten, — sondern lediglich der Verbindlichkeit, den Pflichten eines getreuen Kopisten der Natur genug zu thun, beyzumessen, wenn er sich in dem folgenden Kapitel genöthiget sehen wird, das Betragen dieser jungen Mexikanerin unverschönert, so wie es war darzustellen; ein Betragen, von welchem er besorgen muß, daß es, ungeachtet aller seiner Bemühungen das Auffallende darin zu mildern, der besagten Delikatesse seiner schönen Gönnerinnen anstößig werden dürfte.

Er bittet sie indessen zu bedenken, ob es nicht gleichwohl zu einer Entschuldigung der jungen Mexikanerin diene, daß sie — in den Umständen, worin sie sich ohne ihr Verschulden befand, und bey dem gänzlichen Mangel aller Vortheile der Ausbildung und Politur welche nur Erziehung und Welt geben können — nichts besseres seyn konnte als ein Werk der rohen Natur; oder, mit andern Worten, daſs es unbillig wäre den wilden Gesang einer ungelehrten Nachtigall zu verachten, weil eine ihrer Schwestern das Glück gehabt hat in einem Käficht erzogen zu werden und nach den Noten eines Hiller oder Naumann singen zu lernen.

13.

Wie sich die Crebillonische Fee Tout ou Rien, — oder die Fee Konkombre, — oder die sehr decente Dame Zulika, — oder wie sich irgend eine von den Celimenen, Julien, Belisen, Araminten, und Cidalisen des besagten Französischen Sittenmahlers — in einem ähnlichen Falle aber bey veränderten Umständen, es sey nun in irgend einem anmuthigen Bosket, oder in einem wollüstigen Kabinet auf einem rosenfarbnen Lotterbette 2) mit silbernen Blumen betragen hätte, — liefse sich, wenn es nöthig wäre, mit der gröfsten moralischen Gewifsheit bestimmen, ohne dafs man dazu eben ein Crebillon seyn müfste.

2) Um dem Hrn. Campe die Verantwortung dieser Verdeutschung des Worts Sofa nicht allein aufzubürden, gestehe ich, dafs es mir hier an seinem rechten Orte zu stehen scheint. d. H.

Und wie sich unsre vorbesagten Leserinnen selbst sammt und sonders in solchen Umständen betragen würden, ist eine Sache, welche wir ihnen zu gelaſsner Überlegung in einer ernsthaften einsamen Stunde überlassen; mit der beygefügten freundschaftlichen Verwarnung, daſs diejenigen unter ihnen, welche ihr groſses Stufenjahr noch nicht zurückgelegt haben, oder (was auf Eines hinaus kommt) welche sich noch den Nachstellungen unternehmender Liebhaber ausgesetzt sehen, — ehe sie diese Selbstprüfung anstellen — sich in ihr Kabinet einschlieſsen, und Befehl ertheilen möchten daſs sie nicht zu Hause wären, wenn sich auch der ehrerbietigste unter allen Liebhabern an der Pforte melden sollte.

Was indessen aber auch das Betragen irgend einer erdichteten oder unerdichteten heutigen Dame in dergleichen Fällen seyn möchte — so kann es, wie gesagt, nicht zur Richtschnur für die liebenswürdige Kikequetzel genommen werden, welche (um ihr nicht zu schmeicheln) im Grunde weder mehr noch weniger als eine Wilde war, und — was einen wesentlichen Umstand in der Sache ausmacht — Ursache hatte, sich für das einzige Mädchen in der Welt zu halten.

Ich — der ich es, ohne eine aufserordentliche Reitzung oder eine gräfsliche Verstimmung des Instruments meiner Seele, nicht über mein Herz bringen kann, einen Wurm unter meinen Füfsen zu zertreten — verabscheue nichts so sehr, als den blofsen Schatten des Gedankens, auch nur zufälliger Weise eines von den schwachen Geschöpfen zu ärgern, deren kakochymische Seele nichts als Molken und leichte Hühnerbrühen verdauen kann, und jede stärkere Speise, so gesund sie auch für gesunde Leute seyn mag, mit Ekel und Beschwerung ανω και κατω wieder von sich giebt. Sollte also, wider alles bessere Verhoffen, dieses unschuldige Buch — welches (wie ich schon erklärt zu haben glaube) keine Nahrung für blöde Magen ist — von ungefähr einem solchen schwachen Bruder in die Hände fallen: so ersuche ich ihn hiermit dienstlichen Fleifses, — und nehme darüber alle meine werthen Leser zu Zeugen dafs ich es gethan habe — das Buch ohne weiteres, wenigstens beym Schlusse dieses Kapitels, wegzulegen, und, es sey nun durch Aufsagung des Griechischen Alfabets, (wie dem Kaiser August in einem ähnlichen Falle gerathen wurde) oder durch jedes andere Mittel, welches er aus Erfahrung am bewährtesten gefunden hat, alle Gedanken weiter fortzulesen sich aus dem Sinne zu schlagen. Widrigen

Falls und dafern ein solcher, oder eine solche, dieser meiner ernstlichen Warnung ungeachtet, mit Lesen weiter fortfahren, und dadurch auf irgend eine Weise zu Schaden kommen, oder durch ekelhaftes Aufstoſsen oder Erbrechen dessen, was er solcher Gestalt, naschhafter Weise, zu sich genommen hätte, andern ehrlichen Leuten, oder auch mir selbst beschwerlich fallen sollte; ich mich hiermit ein- für allemahl gegen alle daher entspringen mögende Verantwortung zierlichst verwahrt, und den besagten Leser (oder Leserin) selbst, für alles sich und andern dadurch zuziehende Übel, für jetzt und allezeit verantwortlich gemacht haben will.

14.

In dem Augenblicke, da sie erwachte, lag (wie wir wissen, — sie aber nicht wissen konnte bis sie es sah) ein Jüngling, der erste den sie in ihrem Leben sah, und der, nach unsrer Art zu reden, mehr dem jungen Herkules als dem jungen Bacchus glich, in einem dem Tod ähnlichen Zustande zu ihren Füfsen, mit der Hälfte seines Gesichts eine Spanne und anderthalb Daumen über ihrem linken Knie aufgestützt.

Damen können sichs leichter vorstellen, als ichs beschreiben könnte, wie sehr sie über diesen Anblick erschrak.

Durch die Bewegung, welche sie in der ersten Bestürzung machte, veränderte das Gesicht des armen Koxkox seine Lage ein wenig, ohne den Vortheil derselben zu verlieren — wofern es nicht gar dabey gewann;

wie sich genauer bestimmen liefse, wenn der Filosof **Tlantlaquakapatli** seiner zwar sehr umständlichen aber etwas undeutlichen Beschreibung eine genaue Zeichnung beyzufügen nicht vergessen hätte; — eine Unterlassung, um derentwillen eine Menge gelehrter und mühsamer Beschreibungen des **Aristoteles**, **Theofrast**, **Plinius**, **Avicenna** und andrer Naturforscher der Welt unbrauchbar geworden sind.

Der erste Schrecken des Mädchens verlor sich im dritten oder vierten Augenblicke da sie ihn betrachtete, und verwandelte sich in das lebhafteste Vergnügen, das sie jemahls empfunden hatte, — und welches sie natürlicher Weise beym Anblick eines Wesens fühlen mufste, das ihr zu ähnlich war um kein Mensch, und nicht ähnlich genug um ein Mensch von ihrer Art zu seyn. Sollte es wohl, dachte sie, einer von den Männern seyn, von denen mir meine Mutter sprach, ohne dafs ich sie recht verstehen konnte?

Unfehlbar ist es einer, flüsterte ihr etwas in ihrem Busen auf diese Frage zur Antwort.

Des Menschen Herz hat seine eigene Logik, und — mit Erlaubnifs des ehrw.

Pater Malebranche, eine sehr gute — Dank sey dir dafür, liebe Mutter Natur! Sie thut uns unaussprechliche Dienste. Was wir wünschen ist uns wahr, so lang' es nur immer möglich ist dafs wir das Gegentheil unsern eignen Sinnen abdisputieren können.

„Wie kam er hierher? Wo war er zuvor? Warum liegt er hier zu meinen Füfsen? Warum liegt sein Gesicht eine Spanne und anderthalb Daumen über meinem linken Knie?

„Schläft er? Wie mag er wohl aussehen, wenn er wacht?

„Wie wird er sich wohl geberden, wenn er mich erblickt?

„Wird er mich auch so lieb haben wie meine Mutter mich lieb hatte?"

Dergleichen leise Stimmen liefsen sich noch mehr in ihrem Busen hören; aber es würde kaum möglich seyn, sie in irgend eine exoterische Sprache zu übersetzen.

Aber noch gab der Schlafende kein Zeichen des Lebens von sich. Ach! rief sie mit einem ängstlichen Seufzer, sollte er todt seyn? —

Sie konnte diesen Zweifel nicht ertragen. Sie legte zitternd ihre blasse Hand auf sein Herz —

Er war **nicht todt** — denn in diesem Augenblick erwachte er!

Sie fuhr zusammen, und zog mit einem Schrey des Schreckens und der Freude ihre Hand zurück.

**Koxkox** kam zu sich selbst, ehe sie sich ganz von ihrem angenehmen Schrecken erhohlt hatte.

Er hob seine Augen auf, und sah sie — mit einem so freudigen Erstaunen, mit einem so lebhaften Ausdruck von **Liebe** und **Verlangen** an, und seine Augen baten so brünstig um **Gegenliebe**; — dafs sie — die keinen Begriff davon hatte dafs man anders aussehen könne als es einem ums Herz ist — sich nicht anders zu helfen wufste, als ihn — wieder so freundlich anzusehen als sie nur immer konnte.

Die Wahrheit ist, dafs sie ihn so **zärtlich ansah**, als die feurigste Liebhaberin einen Geliebten ansehen könnte, der nach sieben langen Jahren Abwesenheit, und nach so vielen Abenteuern als Ulysses auf seiner zehnjährigen Wanderung bestand, wohlbehalten und getreu in ihre Umarmungen zurück geflogen wäre. — Aber was das sonderbarste dabey war, ist, daſs sie weder wuſste noch wissen konnte, warum sie ihn so zärtlich ansah. In der That wuſste sie gar nicht wie ihr geschah; genug, es war ihr so wohl bey diesen Blicken und Gegenblicken, daſs ihr däuchte, sie fange eben jetzt zu leben an.

---

## 15.

Die Weisen haben längst bemerkt, daſs etwas Magisches in dem menschlichen Auge sey; und bekannter Maſsen hat man die Sache weit genug getrieben, zu glauben, es gebe Leute, welche mit einem bloſsen Blicke **vergiften** könnten; — ein Glaube, der zu allen Zeiten unter den Filosofen wenig Beyfall gefunden hat.

Aber daſs ein bloſser Blick zuweilen hinlänglich sey, aus einem **weisen Mann** einen Gecken, aus einem **Masülhim** einen **Mann**, und aus einem **Bruder Luze** einen Pr**p zu machen, — das sind bekannte Wahrheiten.

**Koxkox** sah die schöne **Kikequetzel** immer **feuriger** an;

Sie **Koxkoxen** immer **zärtlicher.**

„O! wie lieb hab' ich dich!" — sagten ihr seine Augen.

„O! wie angenehm ist mir das!" — antworteten die ihrigen.

„Ich möchte dich auf einen Blick aufessen," sagten jene.

„Ich sterbe vor Vergnügen wenn du mich länger so ansiehst," sagten diese.

Diese Augensprache dauerte, nach unserm Autor, ungefähr eine Minute, weniger etliche Sekunden, als Koxkox, der noch immer zu ihren Füfsen lag, — nicht als ob er einen bestimmten Vorsatz dabey gehabt hätte, sondern in der That aus blofsem Instinkt, — seine beiden Arme um ihren Leib schlug.

Kikequetzel, die sich einbildete, dafs sie ihm keine Antwort schuldig bleiben dürfe, legte ganz langsam und leise ihre rechte Hand auf seine linke Schulter, — und erröthete bis an die Fingerspitzen, indem sie es that.

Koxkox drückte sein Gesicht an ihren Busen.

Das Mädchen fuhr sanft streichelnd an seiner linken Schulter bis zur Brust herab, und schien sich sehr am Pochen seines Herzens zu ergetzen.

Tantlaquakapatli, dessen Fehler überhaupt zu wenig Umständlichkeit nicht ist, fährt hier fort, uns von Umstand zu Umstand zu berichten, wie die Natur mit diesen ihren Kindern gespielt habe. Keine falsche Bescheidenheit — denn Natur ist uns in allen ihren Wirkungen ehrwürdig — sondern blofs unser Unvermögen, die Zartheit der Sprache des Mexikanischen Filosofen in die unsrige übertragen zu können, verbietet uns, ihm weiter zu folgen.

Die guten Kinder wufsten nichts anders.

„Sie machten also nicht mehr Umstände als diefs?" fragt Araminte. —

Keinen einzigen!

## 16.

Wenn uns nicht alles betrügt, so ist das, was wir unsern Lesern in den beiden vorhergehenden Kapiteln zu lesen gegeben haben, pure Natur. So viel ist gewiſs, die Kunst 3) hatte keinen Antheil weder an den Gefühlen dieser Alt-Mexikanischen Liebenden, noch an der Art, wie sie sich ausdrückten.

Und nun fragt sich: — „Verliert oder gewinnt die Natur dadurch, wenn sie des Beystands und der Auszierung der Kunst entbehrt?"

3) Das Wort Kunst wird in diesem und dem folgenden Kapitel in der weitläuftigsten Bedeutung, in so fern es gewöhnlich der Natur entgegen gestellt wird, genommen.

Eine verwickelte Frage! ein wahrer **Gordischer Knoten**, den wir, nach dem Beyspiele der raschen Leute die mit allem gern bald fertig sind, geradezu **zerschneiden** könnten, wenn wir nicht für besser hielten, vorher zu versuchen, ob er nicht mit Hülfe einer leichten Hand und mit ein wenig Flegma aufzulösen sey.

Es giebt eine **Kunst**, welche die Werke der Natur wirklich **verschönert**; und eine **andere**, welche sie, unter dem **Vorwande** der Verbesserung oder Ausschmückung, **verunstaltet**.

Wiewohl nun die **erste** allein des Nahmens der Kunst würdig ist, so wird sie ihn doch so lange mit ihrer Bastardschwester theilen müssen, bis man für diese einen eigenen Nahmen erfunden haben wird.

Einige bestimmen das Verhältniſs der Kunst gegen die Natur nach dem Verhältniſs eines Kammermädchens gegen ihre Dame; andere nach demjenigen, welches der **Schneider**, der **Friseur**, der **Brodeur**, und der **Parfümeur** — vier wichtige Erzämter! — gegen ein gewisses Geschöpf haben, welches, je nachdem man einige besondere Veränderungen damit vornimmt, unter den Händen der vorbesagten vier **plastischen Naturen** und nach ihrem Belieben, ein Markis oder Lord, ein Abbé oder ein Chevalier, ein Parlamentsrath oder ein Held, ein Witzling oder ein Adonis wird; im Grund aber, in allen diesen verschiedenen Kleidungen und Posituren — immer das nehmliche Ding bleibt, nehmlich **ein Geck**.

Nach dem Begriff der ersten, ist **die Natur der Homerischen Venus** gleich, welche von den **Grazien** gebadet, gekämmt, aufgeflochten, mit Ambrosia gesalbt, und auf eine Art angekleidet wird, wodurch ihre eigenthümliche Schönheit einen neuen Glanz erhält.

Nach dem Begriff der andern, ist **die Kunst eine Alcina**, die einen ungestalten, kahlen, triefäugigen, zahnlosen Unhold zu jener vollkommenen Schönheit umschafft, welche **Ariost** in sechs unverbesserlichen Stanzen — zwar nicht so gut **gemahlt** hat, als es **Tizian** mit Farben hätte thun können, aber doch so gut beschrieben hat, als — man beschreiben kann. 4)

Die ersten scheinen der Kunst **zu wenig** einzuräumen, die andern **zu viel**; beide

---

4) *Orlando Furioso*, *VII.* 6 — 12.

aber sich zu irren, wenn sie von Natur und Kunst als **wesentlich verschiedenen** und ganz ungleichartigen Dingen reden: da doch, bey näherer Untersuchung der Sache, sich zu ergeben scheint, „daſs dasjenige, was wir Kunst nennen,

„Es sey nun daſs sie die **zerstreuten** Schätze und Schönheiten der **Natur** in einen **engern Raum**, oder unter einen **besondern Augenpunkt**, zu irgend einem **besondern Zweck** zusammen ordnet, —

„Oder, daſs sie den **rohen Stoff** der **Natur ausarbeitet**, und, was diese gleichsam **ohne Form** gelassen hat, **bildet**, —

„Oder, daſs sie die **Anlagen** der Natur **anbaut**, den **Keim** ihrer verborgenen Kräfte und Tugenden **entwickelt**, und dasjenige schleift, poliert, zeitiget oder vollendet, was die Natur roh, wild, unreif und mangelhaft hervor gebracht hat —

„daſs, sage ich, die **Kunst** in allen diesen Fällen im Grunde nichts anders ist, als die **Natur selbst**, in so ferne sie den Menschen — entweder durch die **Noth**, oder den **Reitz des Vergnügens**, oder die **Liebe zum Schönen** — veranlaſst und antreibt, „entweder ihre Werke nach seinen besondern Absichten umzuschaffen, oder sie durch Versetzung in einen andern Boden, durch besondere Wartung und befördernde Mittel, zu einer Vollkommenheit zu bringen, wovon zwar die Anlage in ihnen schlummert, die Entwicklung aber dem Witz und Fleiſs des Menschen überlassen ist."

Fragen wir:
    Wer giebt uns die Fähigkeit zur Kunst?
    Wer befördert die Entwicklung dieser Fähigkeit?
    Wer giebt uns den Stoff zur Kunst?
    Wer die Modelle?
    Wer die Regeln? —

so können wir kühnlich alle Filosofen, Misosofen und Morosofen, welche jemahls über Natur und Kunst vernunftet 5) oder vernünftelt haben, auffordern, uns jemand andern zu nennen, als die Natur, — welche durch den Menschen, als ihr vollkommenstes Werkzeug, dasjenige, was sie gleich-

---

5) Auch dieses ungewohnten Ohren possierlich genug klingende Wort, wiewohl von zwey verdienstvollen Männern der eine es erfunden, und der andere empfohlen hat, ist vielleicht nur bey solchen Gelegenheiten wie hier brauchbar, und dürfte wohl schwerlich die Stelle des fremden aber bisher unentbehrlichen Wortes räsonieren im ernsthaften Styl schicklich einnehmen können.

sam nur flüchtig entworfen und angefangen hatte, unter einem andern Nahmen zur Vollkommenheit bringt.

Die natürlichen Dinge in dieser sublunarischen Welt — denn auf diese schränken wir uns ein, weil sie unter allen möglichen Welten am Ende doch die einzige ist, von der wir mit Hülfe unsrer sieben Sinne (das Selbstbewußtseyn und den Gemeinsinn mit eingerechnet) eine erträgliche Kenntniß haben — theilen sich von selbst in organisierte und nicht organisierte, und die ersten wieder, in

Solche, welche zwar eine bestimmte Form aber kein Leben haben,

Solche, welche zwar leben, aber nicht empfinden,

Solche, welche zwar empfinden, aber nicht denken und mit Willkühr handeln, und endlich, in

Solche, die zugleich empfinden, denken und mit Willkühr handeln können; — eine Klasse, welche sehr weitläufig ist, wenn wir dem Plotinus und dem Grafen von Gabalis glauben, von der wir aber gleichwohl, die reine Wahrheit zu gestehen, keine andre Gattung kennen, (wenigstens so gut kennen, daß wir ohne lächerlich zu seyn darüber filosofieren dürften) als diejenige, wozu wir selbst zu gehören die Ehre haben — den Menschen, der durch die Vernunft, wodurch er über alle übrige bekannte Klassen unendlich erhoben ist, dazu bestimmt scheint,

> „die vorbesagte sublunarische Welt nach seinem besten Vermögen zu verwalten,"

und für seine Bemühung berechtigt ist,

> „sie so gut zu benutzen, als er immer weifs und kann."

## 17.

„Vergleichen wir die verschiedenen Klassen der natürlichen Dinge unter einander, so zeigt sich, — dafs unter allen der Mensch am wenigsten das geboren wird was er **seyn kann**; dafs die Natur für seine Erhaltung, dem Ansehen nach, am wenigsten gesorgt hat; dafs sie ihn übel bekleidet, unverwahrt gegen Frost, Hitze und schlimmes Wetter, und unfähig ohne langwierigen fremden Beystand sich selbst fortzubringen, auf die Welt ausstöfst; — dafs der Instinkt, der angeborne Lehrmeister der Thiere, bey ihm allein schwach, ungewifs und unzulänglich ist: — und warum alles das, als „weil sie ihn durch die **Vernunft**, die er vor jenen voraus hat, **fähig** gemacht, diesen Abgang zu ersetzen?"

Der Mensch, so wie er der **plastischen** Hand der Natur entschlüpft, ist beynahe nichts als **Fähigkeit**. Er mufs sich selbst entwikkeln, sich selbst ausbilden, sich selbst diese letzte Feile geben, welche Glanz und Grazie über ihn ausgiefst, — kurz, der Mensch muſs gewisser Maſsen sein eigener zweyter Schöpfer seyn. Oder, vielmehr —

Wenn es die Natur ist, die im Feuer leuchtet, im Krystall sechseckig anschiefst, in der Pflanze vegetiert, im Wurme sich einspinnt, in der Biene Wachs und Honig in geometrisch gebaute Zellen sammelt, im Biber mit anscheinender Vorsicht des Zukünftigen Wohnungen von etlichen Stockwerken an Seen und Flüsse baut, und in diesen sowohl als vielen andern Thierarten mit einer so zweckmäſsigen und abgezirkelten Geschicklichkeit wirkt, daſs sie den Instinkt zu Kunst in ihnen zu erhöhen scheint: warum sollte es nicht auch die Natur seyn, welche im Menschen, nach bestimmten und gleichförmigen Gesetzen, diese Entwicklung und Ausbildung seiner Fähigkeiten veranstaltet? — Dergestalt, daſs, so bald er unterläſst, in allem, was er unternimmt, auf ihren Fingerzeig zu merken; so bald er, aus unbehutsamem Vertrauen auf seine Vernunft, sich von dem Plan entfernt den sie ihm vorgezeichnet hat, — von diesem Augenblick an Irrthum und Verderbnifs die Strafe ist, welche unmittelbar auf eine solche Abweichung folget.

Und hat nicht die Natur, eben so wie sie uns die **Vollendung unser selbst** anvertraut hat, auch über die andern Dinge dieser Welt uns eine solche Gewalt gegeben, daſs ein groſser Theil derselben als bloſse Materialien anzusehen ist, welche der Mensch nach seinem Gefallen umgestaltet, aus denen er so viele Welten nach verjüngtem Maſsstab, oder Welten nach seiner eignen Fantasie erschaffen kann als er will? Wohl verstanden, daſs er in allen Betrachtungen besser thäte gar nichts zu thun, als nach **Regeln und Absichten** zu arbeiten, welche mit denjenigen nicht zusammen stimmen, nach welchen das **allgemeine System der Dinge** selbst, mit oft unterbrochner, aber immer durch die innerliche Güte seiner Einrichtung von selbst wieder hergestellter Ordnung, von seinem unerforschlichen Urheber regiert wird.

Alles dieses vorausgesetzt, werden wir uns keinen unrichtigen Begriff von der Kunst machen, wenn wir sie uns als „**den Gebrauch vorstellen, welchen die Natur von den Fähigkeiten des Menschen macht, theils um ihn selbst — das schönste und beste ihrer Werke — auszubilden, theils den übrigen ihm untergeordneten Dingen diejenige**

Form und Zusammensetzung zu geben, wodurch sie am geschicktesten werdeh, den Nutzen und das Vergnügen der Menschen zu befördern." — Die Natur selbst ist es, welche durch die Kunst ihr Geschäft in uns fortsetzt; es wäre denn, dafs wir ihr unbesonnener Weise entgegen arbeiten, und, indem wir sie nach willkührlichen oder mifsverstandenen Gesetzen verbessern wollen, aus demjenigen, was nach dem ersten Entwurf der Natur ganz hübsche Figuren hätten werden sollen, — Ostadische Bürlesken, oder Zerrbilder in Kalots Geschmack heraus künsteln; welches, wie wir vielleicht in der Folge finden werden, zuweilen der Fall der angeblichen Verbesserer der menschlichen Natur gewesen zu seyn scheint.

Der gewöhnliche Gang der Natur in dieser Auswicklung und Verschönerung des Menschen ist langsam — und sie scheint sich darin mehr nach den Umständen als nach einem einförmigen Plan zu richten.

In der That haben diejenigen ihren Geschmack nicht der Natur abgelernt, in deren Augen die Mannigfaltigkeit in der fysischen und sittlichen Gestalt der Erdbewohner eine Unvollkommenheit ist.

Das menschliche Geschlecht gleicht in gewisser Betrachtung einem Orangenbaum, welcher Knospen, Blüthen und Früchte, und von diesen letztern grüne, halb zeitige und goldfarbne, mit zwanzig verschiedenen Mittelgraden, zu gleicher Zeit sehen läfst.

Es scheint widersinnig, zu fordern dafs die **Knospe** ein **Apfel** werden soll, ohne durch alle dazwischen liegende Verwandlungen zu gehen: aber gar darüber ungehalten zu seyn, dafs die Knospe nicht schon der Apfel ist, — in der That, man mufs sehr wunderlich seyn, um der Natur solche Dinge zuzumuthen.

Was die **Kunst**, oder, mit andern Worten, was die vereinigten Kräfte von Erfahrung, Witz, Unterricht, Beyspiel, Überredung und Zwang, an dem Menschen zu seinem Vortheil ändern können, sind entweder **Ergänzungen** der mangelhaften Seiten, oder **Verschönerungen**; welche letzteren, wenn sie ihren Nahmen mit Recht führen sollen, sehr wesentlich von blofsen **Zierathen** verschieden sind.

**Jene** setzen voraus, dafs der Mensch seine Bedürfnisse **fühle**, und stehen mit der Beschaffenheit und Anzahl derselben in Verhältnifs: diese sind die Früchte einer durch die Einbildungskraft erhöheten und verfeinerten Sinnlichkeit, und finden nicht eher Statt, bis wir durch die Vergleichung mannigfaltiger Schönheiten in der nehmlichen Art uns von Stufe zu Stufe zu dem Ideal dieser Art erhoben haben.

Fordern, dafs die Liebe des jungen Koxkox zu der schönen Kikequetzel so fein und romantisch wie die Liebe zwischen Theagenes und Chariklea hätte seyn sollen, hiefse ihnen übel nehmen, dafs sie das einzige Menschenpaar im ganzen Mexiko waren; und es wäre eben so weise, wenn man die arme Kikequetzel tadeln wollte, dafs sie nicht so zart-fühlend und gesittet und geistreich, wie die idealische Peruvianerin der Madame Graffigny, als wenn man sie abgeschmackt fände, weil sie nicht *à la Rhinoceros* oder *à la Comete* aufgesetzt war.

18.

Nach dieser kleinen Abschweifung über **Natur und Kunst**, die uns nicht weit von unserm Wege abgeführt hat, kehren wir zu unserer Geschichte zurück.

**Koxkox** und **Kikequetzel**, die (im Vorbeygehen zu sagen) von den alten Mexikanern für ihre Stammältern gehalten wurden, waren nun ein Paar, oder, richtiger zu reden, machten nun ein **Ganzes** aus, welches aus zwey **Hälften** bestand, die, von dem Augenblick an da sie sich gefunden hatten, sich so wohl bey einander befanden, dafs nichts als eine überlegene Gewalt fähig gewesen wäre sie wieder von einander zu reifsen.

Sie hatten einander nie zuvor gesehen; **Koxkox** wufste so wenig was ein Mädchen als **Kikequetzel** was ein Knabe war;

Sie stammten aus zwey ganz verschiedenen Völkerschaften ab, welche keine Gemeinschaft mit einander gehabt hatten;

Sogar ihre Sprache war so verschieden, daſs sie einander kein Wort verstehen konnten.

Offenbar trugen also diese Umstände nichts dazu bey, daſs sie einander auf den ersten Blick so lieb wurden. Die Natur that Alles.

Man kann die Art, wie sie einander ihre Gefühle ausdrückten, nicht wohl eine Sprache nennen; aber sie war beiden so angenehm, daſs sie nicht aufhören konnten bis sie muſsten. — Auch dieſs war Natur, sagt Tlantlaquakapatli.

Ein süſser Schlaf überraschte den ehrlichen Koxkox in den Armen der zärtlichen Kikequetzel. Sie schliefen bis der Morgengesang der Vögel sie weckte. Und da gingen die Liebkosungen von neuem an, bis sie es müde wurden. Pure Natur! ruft Tlantlaquakapatli aus.

Nun sahen sie einander mit so vergnügten Augen an, waren einander so herzlich gewogen, drückten jedes sein Gesicht mit so vieler Empfindung wechselsweise an des andern Brust, daſs sogar ein Teufel, der ihnen zugesehen hätte, sich nicht hätte erwehren können Vergnügen darüber zu haben, — sagt Tlantlaquakapatli.

Sie fingen beide an zu hungern. Aber Koxkox war noch immer nicht recht bey sich selbst; er tanzte um das Mädchen herum, sang und jauchzte, machte Burzelbäume, und that zwanzig andre Dinge vor Freude, die nicht klüger waren, als was Ritter Don Quischott auf dem schwarzen Gebirge aus Traurigkeit that.

Das Mädchen fühlte kaum dafs sie hungerte, als sie dachte es werde dem guten Koxkox auch so seyn. Sie hüpfte davon, suchte Früchte, pflückte Blumen, flog wieder zurück, steckte die Blumen in des Jünglings lockiges Haar, suchte die schönsten Früchte aus, und reichte sie ihm mit einem so lieblichen Lächeln und mit so reitzendem Anstand hin, — wie Hebe ihrem Herkules die Schale voll Naktar reicht — würde mein Filosof gesagt haben, wenn er ein Dichter und ein Grieche gewesen wäre. Allein da er ein Mexikaner und kein Dichter war, sagt er die Sache ohne Bild, gerade zu; aber mit einer Stärke und Proprietät des Ausdrucks, die ich nicht in unsre Sprache überzutragen vermag, — wiewohl ich gestehe, dafs die Schuld eben so leicht an mir als an unsrer Sprache liegen kann.

Meine schönen Leserinnen werden empfunden haben, was für ein Kompliment ihnen

Tlantlaquakapatli durch den angeführten Umstand macht. — Doch, ich denke nicht dafs es ein Kompliment seyn sollte; es ist wirklich blofse Wahrheit, und einer von den Zügen, welche beweisen, wie gut er die Natur gekannt hat.

Koxkox besann sich nun, dafs er eine Grotte hatte, um welche ein kleiner Wald von fruchtbaren Bäumen und Gewächsen einen halben Mond zog. Er führte seine Geliebte dahin. Wie reitzend däuchte ihm jetzt dieser Ort, da er ihn an ihrem Arm betrat! Er fühlte sich kaum vor Freude. Alle Augenblicke überhäufte er sie mit neuen Liebesbezeigungen. Und so schlüpfte den Glücklichen ein Tag nach dem andern vorbey.

### 19.

Diese Blüthe von Glückseligkeit dauerte —
so lange sie konnte, sagt unser Autor. Es
war, nachdem sie etliche Wochen beysammen
gewesen waren, unmöglich, daſs ihnen noch
eben so hätte zu Muthe seyn sollen, wie
damahls, da sie sich zum ersten Mahl sahen.

Die Freude des Jünglings wurde gelaſsner;
er konnte sich wieder mit etwas anderm als
seinem Mädchen beschäftigen; er schwatzte
sogar wieder mit seinem Papagayen; ja, unser
Autor sagt, daſs es Tage gegeben, wo er vonnöthen gehabt habe, durch die sanften Liebkosungen seiner jungen Freundin aus dieser
Schläfrigkeit erweckt zu werden, in welche
unsre Seele zu fallen pflegt, wenn wir nicht
wissen was wir mit uns selbst anfangen sollen.

Alles dieſs ist in der Natur, sagt Tlantlaquakapatli. Sie liebten sich darum nicht
weniger herzlich, weil diese Trunkenheit der

ersten Liebe und des ersten Genusses aufgehört hatte. Ihre Liebe zog sich nach und nach aus den Sinnen in das Herz zurück. Das blofse Vergnügen bey einander zu seyn, sich anzusehen; oder Hand in Hand durch Haine und Gefilde zu irren, war ihnen für ganze Tage genug.

Unvermerkt konnten sie auch kleine Entfernungen ertragen; die Freude, wenn sie sich wieder fanden, hielt sie schadlos: sie hatte etwas von dem Entzücken des Augenblicks, da sie sich zum ersten Mahl fanden; ihre Umarmungen waren desto feuriger, je länger die Abwesenheit gedauert hatte.

Aber dafs sie sich aus diesen Erfahrungen die allgemeinen Regeln hätten abziehen sollen, welche St. Evremond und Ninon L'Enclos den Liebenden geben; das war ihre Sache noch nicht. Die Natur, der Instinkt, das Herz that alles bey ihnen; die Vernunft beynahe nichts.

Aus dieser Sympathie ihrer Sinne und Herzen, aus der unvergefslichen Erinnerung, wie glücklich sie einander gemacht hatten, aus dem Vergnügen welches sie noch immer eines am andern fanden, aus der Gewohnheit mit einander zu leben und sich wechselsweise

Hülfe zu leisten — bildete sich (sagt unser Filosof) diese **Identifikazion**, welche macht, daſs wir den geliebten Gegenstand als einen **wesentlichen Theil von uns selbst** eben so herzlich, aber auch eben so ruhig und mechanisch lieben als **uns selbst**, und „daſs es uns eben so unmöglich wird, uns ohne diesen geliebten Gegenstand als ohne uns selbst zu denken." — Ein Zustand, der in gewissem Sinne der **höchste Grad der Liebe** ist, aber natürlicher Weise auch eine gewisse Unvollkommenheit mit sich führt, deren wahre Quelle gemeiniglich miſskannt wird; — nehmlich, „daſs es in diesem Zustande eben so leicht wird, über einem **neuen Gegenstande den alten** zu vergessen, als wir bey jedem lebhaften Eindruck äuſserlicher Objekte **uns selbst** zu vergessen pflegen, so lieb wir uns auch haben."

## 20.

Wir übergehen verschiedene kleine Umstände aus dem einsamen Leben dieses ersten Mexikanischen Paars, über welche sich Tlantlaquakapatli nach seiner Gewohnheit weitläufig ausbreitet — weil er für Mexikaner schrieb; um uns bey Einem zu verweilen, der uns weniger unerheblich scheint.

Unser Filosof hat, wie alle Leute die mit ihrem eigenen Kopfe denken, zuweilen sonderbare und etwas seltsame Meinungen. Uns däucht es ist eine davon, wenn er die Frage aufwirft: Ob es für die Menschen nicht besser gewesen wäre, ohne eine künstliche, aus artikulierten Tönen zusammen gesetzte Sprache zu bleiben?

Wahr ists, er behauptet den bejahenden Satz nicht schlechterdings; jedoch scheint er sich ziemlich stark auf diese Seite zu neigen, indem er alle seine Wohlredenheit aufbietet, um uns die Glückseligkeit anzupreisen, worin die Stammältern seiner Nazion etliche Jahre mit einander gelebt hätten, ohne sich einer andern als der **allgemeinen Sprache der Natur** gegen einander zu bedienen.

Anfangs schien mir die Thatsache selbst, worauf er sich bezieht, verdächtig zu seyn. Allein bey mehrerem Nachdenken glaube ich nicht nur die Möglichkeit, sondern auch die Wahrscheinlichkeit derselben ganz deutlich einzusehen.

Sie hatten, däucht mir, keine künstliche Sprache vonnöthen, weder um einander ihre **Begriffe**, noch ihre **Empfindungen** mitzutheilen.

Ich räsoniere — oder deräsoniere (**vernunfte** oder **beywegvernunfte** 6) — welches, mag der Leser entscheiden) folgender Gestalt:

Wenn wir von unsern ausgebildeten Sprachen alles dasjenige abzögen, was Dinge oder Begriffe bezeichnet, wovon sich **Koxkox**

---

6) Ein von Herrn Campe vorgeschlagenes Wort, dem wir es nicht mißgönnen wollen, wenn es, gegen unser Vermuthen, sein Glück machen sollte.

und Kikequetzel, und jedes andre Paar das sich jemahls in ihren Umständen befunden hat, nichts träumen lassen konnten, — alle Wörter und Redensarten, welche sich auf unsre häusliche und bürgerliche Einrichtung, auf unsre Gesetze, Polizey, Gebräuche und Sitten, auf unsre Künste und Wissenschaften, und auf unzählige Bedürfnisse, welche der rohen Natur fremd sind, beziehen: so würde der Überrest eine so arme Sprache ausmachen, als irgend ein wildes Völkchen in der wildesten Insel des Südmeers haben kann.

Aber auch diese arme Sprache wäre noch mehr als die ersten Mexikaner schlechterdings vonnöthen hatten. Sie würde schwerlich andre Wörter haben, als für Gegenstände, welche man einander eben so gut zeigen, und für Empfindungen, welche man in der Sprache der Natur eben so gut oder noch besser ausdrücken kann.

Eine künstlichere Sprache würde ihnen gerade so viel genützt haben als gemünztes Geld. Was sollten sie mit Zeichen anfangen, ehe sie Begriffe hatten? und wie sollten sie Begriffe von Dingen haben, deren Beziehung auf ihre Erhaltung und Glückseligkeit ihnen noch unbekannt war? Mit so wenigen Bedürfnissen als die ihrigen, und in einer

Lage, wo die Natur alles für sie that, konnten sie sich gänzlich den angenehmen Rührungen ihrer Sinne, dem süfsen Gefühl ihres Daseyns, und den Ergiefsungen ihres Herzens überlassen, ohne dafs ihnen einfiel ihre Empfindungen zu zergliedern, den Ursachen derselben nachzuforschen, oder sie mit Nahmen belegen zu wollen. Ihre Tage flossen ungezählt und ungeniessen in dieser seligen Indolenz dahin, welche der menschlichen Natur so angenehm ist, dafs ihr wirklicher Genufs das höchste Gut der Wilden, und der letzte Zweck der unruhigen und mühvollen Bestrebungen des gröfsten Theils aller übrigen Menschen ist, welche, von einer betrüglichen Hoffnung im Lauf erhalten, immer diesem eingebildeten Gute nachjagen, ohne dafs die wenigsten von ihnen es jemahls erreichen können.

Diejenigen, welche der menschlichen Seele einen immer regen Trieb und angebornen unersättlichen Hunger nach Vorstellungen zuschreiben, haben die Natur vielleicht nicht genug in ihr selbst, oder doch nicht ohne vorgefafste Meinungen studiert. Wenn es so wäre wie sie sagen, warum fänden wir so wenig Begierde ihre Kenntnifs zu vermehren oder aufzuklären bey den unzähligen Völkern, welche noch unter dem Nahmen der Wilden und Barbaren den gröfsten Theil des Erdbodens bedecken? Warum wäre dieser heftige Wissenstrieb, selbst unter gesitteten Nazionen, nur der Antheil einer kleinen Zahl von Leuten, in denen er nicht anders als durch einen Zusammenfluſs besonderer Umstände erregt und unterhalten wird?

Mir däucht, diejenigen, die sich dieses angeblichen Grundtriebs wegen auf Wahrnehmungen an Kindern berufen, verwechseln eine Thätigkeit, deren Grund lediglich in der Organisazion des Körpers liegt, mit einer andern, wovon die Quelle in der Seele seyn soll, — und die Begierde nach angenehmen sinnlichen Eindrücken mit dem Verlangen nach Begriffen, welches zwey sehr verschiedene Dinge zu seyn scheinen. Besondere seltene Beyspiele, die hiervon eine Ausnahme machen oder zu machen scheinen, vermögen nichts gegen einen Erfahrungssatz, der sich auf unzählige einstimmige Wahrnehmungen gründet.

Die Menschen genossen Jahrtausende lang die Früchte der Stauden und Bäume, eh' es einem von ihnen einfiel, Pflanzen zu zergliedern, und zu untersuchen, was die Vegetazion sey; und wie viele Veranlassungen, Bemerkungen und Untersuchungen muſsten auch vorher gehen, bis es selbst dem spekulativsten Kopf unter ihnen einfallen konnte!

Sogar, nachdem unter scharfsinnigern Völkern die Filosofie auf dergleichen Gegenstände ausgedehnt wurde, wie lange behalf man sich nicht mit willkührlichen Begriffen und kindischen Hypothesen! — Und warum das? Vermuthlich weil es bequemer war, **schimärische** Welten in seinem Kabinette nach selbsterfundenen Gesetzen zu bauen, als mühsame und langwierige Beobachtungen anzustellen, um heraus zu bringen, nach **welchen Gesetzen die wirkliche Welt gebauet sey**.

Das System der Menschheit hat die seinigen, wie jedes andere besondre System in der Natur. Eines dieser Gesetze scheint zu seyn, daſs nichts als **Bedürfniſs** oder **Leidenschaft** den Naturmenschen zwingen kann, aus diesem müſsigen Zustande heraus zu gehen, worin er, ohne irgend eine Anstrengung seiner selbst, seine Sinne den äuſsern Eindrücken und seine Seele dem launischen Vergnügen von einer Fantasie zur andern ohne Ordnung und Absicht herum zu irren, oder beide — dem **Schäferglück**,

An Chloens Brust von Nichtsthun auszuruhn,

überlassen kann; — es wäre denn, daſs durch einen Zusammenfluſs besonderer Umstände (wobey jedoch Bedürfniſs oder Leidenschaft allezeit das **Triebrad** bleibt) endlich eine mechanische Gewohnheit, unsern Geist auf eine regel- und zweckmäfsige Art zu beschäftigen, in uns hervorgebracht würde; ein Fall, der sich aufser der bürgerlichen Gesellschaft nicht leicht ereignen wird. Denn nur in dieser, wo die Erwerbung nützlicher oder angenehmer Kenntnisse und Geschicklichkeiten ein Verdienst ist, welches ordentlicher Weise zu Glück oder Ansehen oder beiden führt, wecken die Leidenschaften den schlummernden Wissenstrieb; — und wie sollten in einem Stande, wo die Natur selbst den wenigen Bedürfnissen noch unentwickelter Menschen zuvor kommt, diese Bedürfnisse ihn erwecken?

Von dieser Seite war also, wie mir däucht, kein Grund, warum unsre ersten Mexikaner eine Sprache vonnöthen gehabt haben sollten.

## 21.

Aber vielleicht hatten sie derselben zum Ausdruck ihrer Empfindungen vonnöthen?

Ich denke, nein; es wäre denn, daſs wir uns den ehrlichen Koxkox wie einen romantischen Seladon zu den Füſsen seiner Asträa vorstellen wollten, wie er ihr in einer süſsen Sprache quintessenziierte Empfindungen vorschwatzt, bey denen wahrscheinlicher Weise Er nicht mehr denkt als Sie davon versteht: welches — wofern die Natur sich nicht auf eine andere Art ins Spiel einmischte — ungefähr der albernste Zeitvertreib wäre, den man sich im Stande der Natur, oder in irgend einem Stande von der Welt, nur immer einbilden könnte.

Die Empfindungen bey unserm ersten Mexikanischen Paare muſsten etwas ganz andres seyn, eine ganz andre Wahrheit und Stärke haben, als diejenigen, womit man zu unsern Zeiten, in einem Stande der sich so weit vom natürlichen entfernt hat, so viel Geräusche zu machen pflegt. Solche Empfindungen, wie sie hatten, auszudrücken, ist nur die Sprache der Natur fähig; diese allgemeine Sprache, die von keinem Grammatiker gelehrt, aber von allen Menschen verstanden wird, und in Sachen, wo es allein auf die Mittheilung unserer Empfindungen und Begierden ankommt, weniger der Mifsdeutung unterworfen ist, als die vollkommenste Wörtersprache von der Welt.

Diejenigen, welche diese allgemeine Sprache — diesen beynahe unmittelbaren Ausdruck der Gemüthsbewegungen in den Augen, in den Gesichtszügen und Geberden — entweder in der Natur selbst oder in den Meisterstücken der Pantomimik [7] studiert haben, wissen, in welcher bewundernswürdigen Vollkommenheit das Angesicht und überhaupt der ganze Körper des Menschen zu dieser Absicht organisiert ist. Wie viel kann eine leichte Bewegung der Hand, eine kleine Falte des Gesichts, ein Blick, eine Stellung des Kopfes

[7] Die grofsen pantomimischen Tragödien des berühmten Noverre fielen gerade in die Zeit, da dieses geschrieben wurde.

sagen! Mit welcher Deutlichkeit, mit welcher Stärke, mit welcher Feinheit und Geschmeidigkeit werden dadurch auch die subtilsten Züge der Empfindungen, ihre verlorensten Abschattungen, leisesten Übergänge und geheimsten Verwandtschaften sichtbar! Durch sie, und durch sie allein, können Seelen sich, wie unmittelbar, mit Seelen besprechen, einander berühren, durchdringen, begeistern, und mit stürmischer Gewalt dahin reifsen. Durch sie bringt der Redner oft in einem Augenblicke Wirkungen hervor, welche die vereinigte Macht der Dialektik und Beredsamkeit mit den ausgesuchtesten Worten nicht zuwege gebracht hätte; und mit ihrem Beystande hat der theatralische Dichter (wie Diderot durch Gründe und Beyspiele gezeigt hat) in mancher Scene kaum noch einzelner Töne und Sylben vonnöthen, um bey den Zuschauern die gewaltigsten Erschütterungen hervorzubringen. Kurz, diese Sprache der Natur ist die wahre Sprache des Herzens; und demnach sehe ich nicht, warum unsre jungen Mexikaner, im Anfang ihrer Bekanntschaft wenigstens, eine andre nöthig gehabt haben sollten, um einander Empfindungen mitzutheilen, an welchen Kunst und Verfeinerung so wenig Antheil hatten.

Mit einem ganzen Volke hat es freylich eine andere Bewandtnifs. Denn, ungeachtet aller Ungemächlichkeiten, Zweydeutigkeiten, Mifsverständnisse, Irrthümer, Wortkriege, u. s. w. welche mit einer aus **willkührlichen Zeichen** bestehenden Sprache unvermeidlich verbunden sind, und es desto mehr sind, je reicher, geschmeidiger und verfeinerter sie ist, — scheint doch nichts gewisser zu seyn, als dafs ein ganzes Volk von **natürlichen Pantomimen** alle diese Ungelegenheiten in einem viel höhern Grade erfahren, und gar bald gezwungen seyn würde, auf ein bequemeres Mittel einer gegenseitigen Gemeinschaft zu verfallen. Auch bey der einfältigsten Lebensart lassen sich hundert Fälle denken, wo es nicht darauf ankommt mit dem Herzen des andern zu reden, sondern mit seinem **Kopfe**, und wo dasjenige, was man ihm zu sagen hat, durch Geberden entweder gar nicht, oder nur auf eine zweydeutige und mühsame Art zu verstehen gegeben werden kann.

Ich halte es daher für sehr wahrscheinlich, dafs **Koxkox** selbst, nachdem die Trunkenheit der ersten Liebe vorbey war, sich die Mühe gegeben haben werde, seine Freundin in seiner Muttersprache zu unterrichten; und dafs diese Sprache, durch die vereinigten Bemühungen des Jünglings, des Mädchens und des Papagayen, nach und nach immer reicher und vollkommener geworden sey.

Die grofse Schwierigkeit bey Erfindung einer Sprache, wie bey allen Künsten, war nicht, sie zu einem gewissen Grade von Vollkommenheit zu bringen, sondern den ersten Grund zu legen. Eben so war der grofse Punkt bey Erfindung der Mahlerey, einen Menschen auf den Einfall zu bringen, eine Kohle zu ergreifen und den Umrifs eines menschlichen Schattens an eine Wand hinzureifsen. Aber die Natur sorgte gemeiniglich selbst für diese ersten Einfälle, welche den Künsten den Ursprung gaben. Der erste Zeichner war ein Liebhaber, oder, wie Plinius zur Ehre des schönen Geschlechts versichert, eine Liebhaberin.

Ich zweifle daher gar nicht, dafs Koxkox und Kikequetzel, wenn sie nicht bereits eine Art von Sprache durch ihre Erziehung gelehrt worden wären, sich selbst eine erfunden haben würden. Das natürliche Verhältnifs zwischen gewissen Tönen und gewissen Empfindungen oder Gemüthsregungen konnte ihnen nicht lange unbemerkt bleiben; und dieses hätte sie eben so natürlich auf den Gedanken gebracht, dafs Töne geschickt seyen Zeichen abzugeben. Nach und nach hätten sie bemerkt, dafs sie fähig seyen, eine Menge mannigfaltiger Töne hervorzubringen. Sie hätten sich angewöhnt, die geläufigsten dieser Töne zu Bezeichnung derjenigen Dinge, womit sie am meisten zu thun hätten, zu gebrauchen. Dieser erste Grundstoff zu einer abgeredeten Sprache würde nach und nach mit den unentbehrlichsten Zeichen ihrer Bedürfnisse, Handlungen und Leidenschaften vermehrt worden seyn. Die natürlichen Gegenstände des Gehörs, das Murmeln eines Bachs, das Säuseln oder Brausen des Windes, das Gebrüll des Löwen oder Stiers, der rollende Donner, würden durch Worte ausgedrückt worden seyn, die den Schall, welchen sie bezeichnen sollten, nachgeahmt hätten. Ähnliche Töne würden vielleicht gebraucht worden seyn, ähnliche Beschaffenheiten an den Gegenständen andrer Sinne zu benennen. So wären sie nach und nach, ohne es selbst zu wissen, die Erfinder einer Sprache geworden — und so ist es vermuthlich mit dem Ursprung einer jeden Sprache hergegangen, deren Erfinder keinen andern Lehrmeister gehabt haben als die Natur.

## 22.

Die Liebe (sagt der weise Tlantlaquakapatli) ist unstreitig der beste und wohlthätigste unter allen unsern Trieben, so wie er der süfseste ist; — er redet von der Liebe in der weitläufigsten Bedeutung dieses Wortes. Sie ist die wahre Seele des Menschen, welche alle seine Empfindungen entwickelt, alle seine Fähigkeiten in Bewegung setzt. Ohne die Liebe des Schönen, ohne die sympathetischen Neigungen, ohne die Liebe des Vergnügens überhaupt, würde der natürliche Mensch nichts zu thun haben als zu essen, zu schlafen, und sein Geschlecht zu vermehren, wie jedes andre Thier; er würde der König der Affen seyn, — und selbst dieser Vorzug würde ihm von den stärkern und muthigern Pongo's streitig gemacht werden.

Nicht blofs die Noth, auch die Liebe ist die Mutter der Künste. Der Mensch, der die unentbehrlichsten Bedürfnisse des Lebens, Speise und Trank, eine Höhle und eine Gesellin hat, wird darauf bedacht seyn, wie er diese Güter auf die bequemste und angenehmste Weise geniefsen möge. Die Natur selbst fordert ihn gleichsam dazu auf, und bietet ihm die Mittel dazu entgegen.

Mexiko ist eines von den Ländern, über welche die Natur ihr ganzes Füllhorn ausgegossen, und seinen Bewohnern wenig mehr übrig gelassen zu haben scheint, als ihre Gaben zu geniefsen. Die Witterung ist so gemäfsigt, dafs Kleider in diesem Lande nicht unter die unentbehrlichen Dinge gehören. Eine unzählige Mannigfaltigkeit von angenehmen und nahrhaften Früchten, welche zu allen Jahrszeiten freywillig hervorkommen, ersparte, oder erleichterte wenigstens, den ersten Einwohnern die Sorge für ihre Erhaltung so sehr, dafs selbst in den folgenden Zeiten, da sich ihre Nachkommen unendlich vermehrt hatten, nur die leichteste Anbauung nöthig war, um eine gedoppelte, öfters dreyfache Ernte zu erhalten.

Bey allen diesen besondern Vortheilen wiesen doch zufällige Umstände und Bedürfnisse, oder wenigstens die Begierde gemächlicher und angenehmer zu leben, den ersten Bewohnern ihre Geschäfte an. Sie bauten sich Hütten; sie pflanzten Obst- und Gemüsegärten; ein Zufall entdeckte ihnen den Gebrauch der Baumwolle, und die Kunst sie zu spinnen und zu Decken und Gewändern zu verarbeiten.

Tlantlaquakapatli schreibt die erste Erfindung dieser und aller andern Künste der Mexikaner dem sinnreichen Koxkox und der zärtlichen Kikequetzel zu. Wenn wir ihm glauben, so erfand jener auch die Flöte, und diese die Kunst aus den bunten Federn des Kolibri und des Sensütl Kleidungsstücke und andere feine Arbeiten zu verfertigen; eine Kunst, welche von ihren Nachkommen auf einen so hohen Grad von Vollkommenheit getrieben wurde, daſs Akosta und andre Geschichtschreiber uns Wunderdinge davon erzählen. Die Begierde ihre natürlichen Reitzungen durch einen künstlichen Putz zu erheben, ist (nach der Meinung unsers Filosofen) bey den Schönen ein Naturtrieb, dessen Wirkung sich auch unter den wildesten Völkerschaften äuſsert. Blumen, schöne Federn, schimmernde Steine, scheinen ihnen zu keinem andern Endzweck da zu seyn. Eine Schöne, sagt er, putzt sich unstreitig desto lieber und desto sorgfältiger, wenn sie einem Manne dadurch zu gefallen hoffen kann; aber auch wenn sie keine andere Gesellschaft hätte, als ihr eigenes Bild in einem klaren Brunnen, würde sie sich — für ihre eignen Augen putzen.

Auch vom Gesang und vom Tanze war die schöne Kikequetzel die Erfinderin. Jenen lernte sie dem Vogel Sensütl ab, dem die Mexikaner seines lebhaften und tonreichen Gesangs wegen einen Nahmen gegeben haben, der fünf hundert Stimmen bedeutet: diesen wurde sie — wenn Koxkox an einem schönen Abend die Lieder dieses musikalischen Vogels auf seiner Flöte nachahmte, oder ihre eignen begleitete — von der Natur selbst gelehrt.

Welch ein glückliches Paar! ruft Tlantlaquakapatli aus, bey einem Leben, das ein Gewebe von Unschuld, Liebe und Vergnügen war! Wie glücklich, wenn ich sie mir unter dem süſs duftenden Schatten selbstgepflanzter Lauben, von ihren leichten Geschäften ausruhend, denke — ihn sein braunes Gesicht an ihren Busen gelehnt, beide mit älterlicher Wollust den fröhlichen Spielen ihrer Kinder zusehend, die in den anmuthigsten Gruppen ein mannigfaltiges Bild der schönen Natur und der süſsesten Unschuld darstellen! — Ich gesteh' es, setzt er hinzu, daſs ich die Gemählde, die mir meine Fantasie von diesen glücklichen Menschen macht, bis zur Schwachheit liebe: und wenn ich mich diesem reitzenden Traum eine Weile überlassen habe, und dann meine Augen aufhebe und die Urbilder dazu unter den Menschen um mich her suche, und — nicht finde; so kann ich mich nicht erwehren, in meinem ersten Unmuth auf unsere Verfassung, Gesetze und Polizey, und (wenn ich der Sache länger nachgedacht habe) auf die Natur selbst ungehalten zu werden, welche uns so gemacht hat, daſs ein so beneidenswürdiger Zustand nur in einer einzelnen kleinen Familie möglich war.

## 23.

„Auf die **Natur selbst** ungehalten zu werden?"—

Dazu möchte **Tlantlaquakapatli** wohl eben so wenig Recht haben als **Plinius**, den es verdroſs, daſs wir keinen Pelz, oder nicht wenigstens ein hübsches warmes Schwanenfell mit auf die Welt bringen.

„Und warum sollte Unschuld der Sitten, Friede, Eintracht, Genügsamkeit, und alles was das wahre Glück des Lebens ausmacht, nicht das Antheil eines ganzen Volkes seyn können?"

Ich rede nicht von **Utopia**, oder einer neuen **Atlantis**, oder dem Lande der **Severamben**, oder demjenigen, wonach uns der Dichter der **Basiliade** gelüstig machen wollte. Es giebt wirklich ein Volk in der Welt, welches schon Jahrhunderte in einem so glücklichen Zustande lebt, und, wenn sich kein mifsgünstiger Dämon in seine Sachen mischt, noch Jahrhunderte eben so glücklich bleiben kann; — ein beneidenswürdiges und unbeneidetes Volk, welches die holden Träume der Dichter von goldnen Zeiten und unschuldigen Arkadiern realisiert, — und von dem wir unsern Lesern künftig mehr zu sagen gedenken.

Aber, ein einzelnes Beyspiel vermag nichts über unsern Filosofen, — zumahl wenn er einen Anstofs von Milzbeschwerung hat. Ich kann mir freylich einen Zusammenhang von günstigen Umständen denken, sagt er, unter welchen **Koxkox** und **Kikequetzel** mit ihren Nachkommen vielleicht bis ins zehnte Glied unschuldig und glücklich hätten bleiben können; und wer wird es mir läugnen, dafs ein solcher Zusammenhang, unter einer Million andrer Verknüpfungen, in einer Million von Jahren, einmahl wirklich werden kann? — Aber was hilft uns das, (fährt er fort) so lang' es nur einen **einzigen** Umstand braucht, um eine Unschuld zu zerstören, die ihre ganze Stärke von **Unwissenheit** und **Gewohnheit** erhält?

**Koxkox** und **Kikequetzel** waren ein Paar sehr unschuldige gute Leute, so lange sie **allein** waren. Sie liebten einander; wie hätten sie anders können? Sie thaten einander gutes — weil sie sich liebten; und was hätten sie davon gehabt einander zu plagen? Ich wollte nicht dafür stehen, dafs es nicht zuweilen kleine Zwistigkeiten unter ihnen gegeben hätte: aber diese machten nur den Schatten im Gemählde ihrer Glückseligkeit; und das Vergnügen der Aussöhnung war desto lebhafter.

Sie liebten ihre Kinder; — denn da konnte noch keine unbillige Theilung der älterlichen Zuneigung, keine ehrgeitzige oder eigennützige Begünstigung des einen auf Unkosten der übrigen, keine Eifersucht einer eiteln Mutter über die wachsenden Reitzungen einer Tochter, in denen sie erblickt was sie nicht mehr ist, Statt finden. — Sie liebten ihre Kinder, und diese Kinder waren unschuldig, so lange sie — Kinder waren. — Aber was half ihnen alles das? Ein einziger Umstand — Doch, wir wollen die Sache, so weit es möglich seyn wird, mit Tlantlaquakapatli's eignen Worten erzählen.

## 24.

Neun oder zehen Jahre ungefähr hatte die Glückseligkeit der ersten Ältern von Mexiko gedauert, als Kikequetzel einsmahls, mit ihrem kleinsten Kinde an der Brust, sich etwas weiter als gewöhnlich von ihrer Wohnung entfernte. Es war in der wärmsten Jahrszeit. Ermüdet warf sie sich an den Rand eines kleinen Baches, legte das schlafende Kind auf Moos und weiche Blätter, und ging hin Früchte von nahe stehenden Stauden zu pflücken.

Indem sie an nichts weniger dachte, kam ein Mann aus dem Gebüsche hervor. — Ihr erster Gedanke war, daſs Koxkox sie habe überraschen wollen. Sie lief ihm mit offnen Armen entgegen; aber da sie ihm beynahe in die seinigen gelaufen wäre, wurde sie mit Schrekken gewahr, daſs es nicht Koxkox war.

Ein spitzfindiger Leser wird es vielleicht unwahrscheinlich finden, daſs Kikequetzel, welche so gute Augen hatte zu sehen daſs es ein Mann war, nicht zugleich gesehen haben sollte daſs es nicht Koxkox war. Wir antworten ihm aber:

Erstens, daſs wir uns auf die gröſsten Optiker unsrer Zeit berufen, ob eine Unmöglichkeit in dem Falle, wie wir ihn erzählt haben, zu erweisen sey;

Zweytens hatte sich die gute Frau keine Zeit genommen ihn genau zu betrachten; sie erblickte von fern eine menschliche Gestalt; daſs es ihr Mann sey, sagte ihr in dem nehmlichen Augenblicke ihr Herz; und so lief sie auf ihn zu, ohne eine andere Gewiſsheit davon zu haben; welches ihr desto billiger zu vergeben ist, da sie

Drittens keinen Gedanken hatte, daſs auſser ihr und Koxkoxen noch ein anderes menschliches Wesen der Überschwemmung entronnen sey.

Hierin hatte sie sich geirrt, wie wir sehen. Denn dieser Mann war einer von den wenigen Entronnenen, und, was noch seltsamer war, von ihrem eigenen Volke, wie sich in der Folge zeigen wird. Dem Ansehen nach mocht' er wenig unter vierzig Jahren seyn. Es war ein starker mächtiger Mann, welcher die

Miene hatte, sich vor keinem von den zwölf oder dreyzehn Abenteuern des Herkules zu fürchten; und, wie Herkules, war er nur mit einer Löwenhaut bekleidet. Er war in allen Betrachtungen ein fürchterlicher, wiewohl eben kein häfslicher Mann.

Wenige Leute in der Welt — einsame Talapoinen ausgenommen, welchen, nach einer zwanzigjährigen pünktlichen Beobachtung ihrer Gelübde, im vierzigsten Jahr ihres Alters ein solcher Zufall in einer Einöde begegnete — können sich, auf dem gehörigen Grade von Wahrheit, einbilden, was für eine heftige Erschütterung bey Erblickung der schönen Kikequetzel in dem ganzen animalischen System dieses Mannes erfolgte.

Der Hunger, mit welchem ein gesunder Mensch, der drey Tage lang wider seinen Willen gefastet hätte, auf einen wohl oder übel zugerichteten Rindsbraten zufiele, ist — ein unedles Bild, wir gestehen es; es ist auch nichts weniger als neu: aber es ist doch das einzige, welches einiger Mafsen die Natur und die Heftigkeit der Begierde ausdrückt, mit welcher er seine nervigen Arme ausstreckte, um die freywillig anlaufende Beute zu erhaschen.

Aber, wie gesagt, sie entdeckte noch zu rechter Zeit, dafs es nicht Koxkox war.

Ungeachtet der Mann nicht häfslich war, und nach Mexikanischer Landesart nicht mehr Bart hatte als Koxkox, das ist, wenig mehr als nichts; so hatte er doch in diesem Augenblick etwas so Gräfsliches in seiner Miene, so funkelnde Augen, einen so starken Ausdruck von heifshungrigem Verlangen in seiner ganzen Person, — dafs die gute Frau mit einem lauten Schrey zurück fuhr. So laut schrie sie, dafs Koxkox es hätte hören müssen, wenn sie näher als eine Stunde weit von ihm entfernt gewesen wäre. Aber Koxkox lag ruhig in seiner Hütte, ihre Wiederkunft erwartend, bey seinen Kindern, und dachte — an nichts.

Als der Mann auf sie zuging, und ich weifs nicht was sagte, worauf sie in der Angst nicht Acht gab, so suchte sie ihre Rettung in der Flucht. Sie lief wie die Virgilische Kamilla:

> Kaum wurden von ihren geflügelten Sohlen
> Die Spitzen des Grases im Laufen berührt.

Sie würde um eine halbe Stunde früher als der nacheilende Mann in ihrer Hütte angekommen seyn, wenn sie so fortgelaufen wäre. Aber mitten in ihrem Laufe hielt sie inne, blieb etliche Augenblicke stehen, und rannte nun eben so schnell wieder zurück als sie davon geflogen war.

Der strengste Kasuist wird ihren Beweggrund nicht mifsbilligen können. Sie erinnerte sich plötzlich ihres Kindes, welches sie auf Moos und Baumblättern schlafend am Bache zurück gelassen hatte; und nun wich auch auf einmahl der Furcht, ihr Kind zu verlieren, alle andre Furcht. **Tlantlaquakapatli** behauptet, dafs dieses im Karakter einer Mutter und eines so unschuldigen Geschöpfes sey, als **Kikequetzel** war.

Der **Mann** machte sich diesen Umstand zu Nutze. Er erhaschte sie in einem Gebüsche. Sie sträubte sich mit der Stärke einer Person, deren ganzer Ernst es ist, los zu kommen; aber sie war keine Minerva; der Mann wurde Meister.

Dieser Mann hatte — die schöne Deklamazion des berühmten Grafen von **Büffon gegen das Sittliche in der Liebe** nicht gelesen; aber **er handelte so vollkommen nach dem Grundsatze dieses neuen Plinius**, als man es von einem Wilden erwarten kann, der vierzehn Jahre lang die ganze Nord- und Westseite von Mexiko durchirrt hatte, um zu suchen, was ihm, nachdem er längst alle Hoffnung aufgegeben, auf einmahl in diesem Gebüsch von selbst in die Hände lief.

Unser Autor meint, — vermuthlich aus Parteylichkeit gegen seine Stammmutter — daſs es nicht in der Natur gewesen wäre, den Unwillen lange zu behalten, von welchem sie in den ersten Augenblicken ihrer Niederlage gegen den Mann entbrannt war. Es hatte ihm einen guten Theil seiner Haare gekostet; und Kikequetzel war doch sonst das sanftmüthigste und weichherzigste Geschöpf von der Welt. Aber eine solche Begegnung — wir halten uns versichert, daſs ihr keine wohl erzogene Dame die Wuth übel nehmen wird, in welche sie bey einer solchen Begegnung gerieth!

Aber daſs sie sich besänftigen lieſs! — Wird auch wohl mehr als Eine, oder auch nur eine Einzige seyn, welche Stärke des Geistes und Billigkeit genug hat, sich — mit gänzlichem Vergessen alles dessen, was sie ihrer Erziehung, den Gesetzen und Sitten ihres Vaterlandes, und vielleicht ihrer Religion zu danken hat, an die Stelle dieser armen wilden Mexikanerin zu setzen, und wenigstens sich selbst zu gestehen ——?

Das Beste ist, die Damen — (welches Wort ich hier, wie allezeit, in einer sehr weiten Bedeutung genommen haben will) — überschlagen das folgende Kapitel gänzlich.

Sie würden mich durch diese Gefälligkeit sehr verbinden. Ein einziges Blatt umzuschlagen ist doch keine schwere Sache. — Ich weifs zwar wohl, dafs man, nach Hagedorns Meinung, es einem Frauenzimmer nicht verbieten soll, wenn man will dafs sie nicht in einem Entenpfuhle herum wate. Aber niemand kann eine edlere Meinung von ihrem liebenswürdigen Geschlechte haben als ich. Sollte ich hierin von der einen oder andern meiner schönen Leserinnen zu schmeichelhaft denken, — sollten einige sich durch meine Warnung verleiten lassen, das folgende Kapitel eben darum zu lesen, weil ichs ihnen verboten habe: nun, so mögen sie sichs selbst zuschreiben, wenn sie lesen — was ihnen nicht gefällt!

## 25.

Der Mann war durch den Anblick der schönen Mexikanerin, in den Umständen, worin er besagter Maſsen sich befand, in einen solchen Paroxysmus gesetzt worden, daſs er in dieser ganzen Sache bisher bloſs mechanisch und animalisch zu Werke gegangen war; worüber ihn Herr von Büffon rechtfertigen mag, wenn es ihm beliebt. Tlantlaquakapatli zuckt die Achseln und fährt in seiner Erzählung also fort:

„Durch die ganze Natur pflegt auf einen heftigen Sturm eine Stille zu folgen.

„Kikequetzel — voll Unmuth und Galle, daſs sie den Mann nicht so sehr hassen konnte als sie gern gewollt hätte — bediente sich des ersten günstigen Augenblicks, sich los zu reiſsen.

„Der Mann fühlte vermuthlich in diesem Augenblicke, trotz dem Büffonischen System, eine **sittliche Regung**, welche ihm sagte, dafs er einem so liebenswürdigen Geschöpfe nicht wie ein **Mann**, sondern wie ein **Bavian** begegnet sey. In dem Augenblicke, da sie ihm entfliehen wollte, warf er sich zu ihren Füfsen, umfafste ihre Knie, und bat in einer Sprache, die ihr bekannt war, so dringend und so demüthig um Vergebung, dafs es — einen Stein hätte erbarmen mögen.

„Sie war entschlossen ihm nicht zu vergeben; aber vor Erstaunen, ihre Muttersprache reden zu hören, blieb sie etliche Augenblicke stehen, und betrachtete den Mann zum ersten Mahl mit Aufmerksamkeit.

„So klein dieser Fehler scheint, sagt **Tlantlaquakapatli**, so war es doch — der einzige, den sie in dieser ganzen Sache machte. Die folgenden machten sich von selbst, ohne dafs sie etwas dazu konnte. — Es war ein sehr grofser Fehler, meine lieben Landsmänninnen!"

Die Figur eines **Herkules** oder **Gladiators** ist nicht allen Schönen so gefährlich, als sie es der Gemahlin des Kaisers Markus Antoninus gewesen seyn soll: aber die schöne

Faustina (wofern ihr anders durch diese Nachrede kein Unrecht geschieht) war doch auch gewifs nicht die einzige, der sie gefährlich ist; und — wenn eine solche Figur, nach einem solchen Auftritt, in keiner genauern Kleidung als eine Löwenhaut über den Rücken, und mit so ungestümen Begierden als die seinigen waren, zu euern Füfsen liegt, — so ist alles was der übertriebenste Schmeichler euers Geschlechts sagen kann, dafs in diesem Falle unter fünfen wenigstens Eine Faustine seyn würde.

Das Beste, meine werthen Freundinnen, ist, dafs es heutiges Tages (wenigstens in den policierten Theilen von Europa) keine Herkulesse, und noch weniger so ungestüme giebt; — oder, wofern es ja unter der rohesten Menschenart einen gäbe, dafs es ganz unfehlbar eure eigene Schuld wäre, wenn er sich jemahls in einer solchen Positur zu euern Füfsen befände.

Aber der guten Mexikanerin Schuld war es nicht, dafs sie sich in diesem Falle befand. Das arme unschuldige Ding! Sie machte die Augen wieder zu. Aber es war zu spät!

-------

26.

Tlantlaquakapatli läſst sich sehr angelegen seyn, seine erste Mutter zu rechtfertigen. Seiner Meinung nach hatte ihr Betragen in dieser ganzen Begebenheit nichts, das nicht **sehr natürlich** wäre. Er führt eine lange Reihe von Gründen an, wodurch er diese seine Meinung zu unterstüzen vermeint. Er behauptet, die gute Dame Kikequetzel sey in diesem Falle, unvorbereitet und unbewaffnet, gerade auf der Seite angefallen worden, wo die Natur ihr Geschlecht am wenigsten befestiget habe; und dieses leitet ihn auf eine ziemlich gründliche Betrachtung über „**die Unvollkommenheit des Standes der rohen Natur**, und über die Nothwendigkeit, das moralische Gefühl zu deutlichen Begriffen und Grundsäzen zu erheben, um den Schwachheiten und Blöſsen der menschlichen Natur durch die Filosofie zu Hülfe zu kommen, deren höchstes Meisterstück eine weise Gesetzgebung ist." — Doch wir müssen unsre Erzählung fortsetzen.

Kikequetzel hatte gar keinen Begriff davon, daſs Koxkox bey ihrer dermahligen Angelegenheit mit dem Manne im geringsten interessiert seyn könne; und sie war weit davon entfernt, einige schlimme Folgen davon vorher zu sehen. So bald es also der Mann dahin gebracht hatte, daſs sie ihm den Schrecken vergeben konnte, den er ihr verursacht hatte, so hatte er alles gewonnen. Sie vergab ihm nicht nur, sie endigte gar damit ihn liebenswürdig zu finden.

Warum hatte sie Koxkoxen geliebt als — weil er ein Mann war, und weil er ihrem Herzen und ihren Sinnen angenehme Empfindungen gemacht hatte? Hier war der nehmliche Fall. Der Mann bezeigte ihr so viel Liebe, daſs sie undankbar zu seyn geglaubt hätte, ihm zu verbergen daſs es ihr nicht unangenehm war. Ihr gutes Herz machte, daſs sie ein jedes Wesen, welches ihr Vergnügen machte, als einen Wohlthäter betrachtete; und, diesem Grundsatz zu Folge, hatte der Mann in der That Ansprüche an ihre Erkenntlichkeit.

Es ist leicht zu sehen, daſs sie hierin einen gedoppelten **theoretischen** Fehler beging: — einmahl darin, daſs sie dem sinnlichen Vergnügen einen allzu hohen Werth beylegte; und dann, daſs sie auf Seiten des **Mannes** für **Liebe** hielt, was bloſser animalischer Trieb war, und ihm für das Gute verbunden zu seyn glaubte das er **sich selbst** that. Unser Autor entschuldigt seine Stammmutter mit einer Unwissenheit, welche in ihren Umständen ihre Schuld wirklich sehr vermindert. Aber wenn unter den policiertesten Nazionen, und bey allen Vortheilen der Erziehung und der Verfeinerung, unter zwanzig Personen ihres Geschlechts auch nur Eine wäre, welche eben so falsche Schlüsse machte, womit sollten wir sie entschuldigen können?

Der **Mann** und die Schöne machten einander nunmehr eine kurze Erzählung ihrer Geschichte und Umstände; und da diese eben so wenig Lust zu haben schien jenen zurück zu lassen, als er Lust hatte sich von ihr zu entfernen, so wurde beschlossen daſs er sie in ihre Hütte begleiten sollte.

Sie langten also mit einander bey dem guten **Koxkox** an, welcher über den Anblick eines **Dritten** verwundert war, ohne den geringsten Verdruſs darüber zu empfinden.

Mit Vergnügen theilte er seinen Vorrath mit ihm; Kikequetzel versah das Amt eines Dolmetschers; und da der Fremde viel Vergnügen darüber bezeigte, in einem Lande, wo er der einzige Mensch zu seyn geglaubt hatte, Geschöpfe seiner Gattung anzutreffen, so brachten sie etliche Tage sehr vergnügt mit einander zu. Der ehrliche Koxkox, der allen Wesen gut war die ihm nichts Übels thaten, hatte eine so grofse Freude über seinen neuen Freund, dafs er, ohne Ausnahme, bereit war, alles was er hatte mit ihm zu theilen; und die schöne Kikequetzel schien sich hierin ohne Mühe nach seiner Denkungsart zu bequemen.

## 27.

Der Mexikanische Filosof behauptet, dafs die **Eifersucht**, in der engern Bedeutung dieses Wortes, nur unter gewissen besondern Umständen eine natürliche Leidenschaft sey: nehmlich —

In einer Gesellschaft, wo das **Eigenthum der Weiber** entweder durch Gesetze oder Gewohnheit eingeführt ist; und aufserdem nur alsdann, wenn

Die **Gleichheit** bey der **Gemeinschaft** aufgehoben wird, und entweder der Mitbesitzer sich besonderer Vorrechte anmafst, oder die Dame dem **einen** einen Vorzug giebt, der mit einer Geringschätzung des **andern** verbunden ist, welche diesem allezeit **unbillig** scheinen mufs.

Unglücklicher Weise glaubte der gutherzige **Koxkox** nach Verflus einiger Tage deutliche Spuren gewahr zu werden, daſs er sich über eine solche Unbilligkeit zu beklagen habe.

Geradezu von der Sache zu reden, die schöne **Kikequetzel** bewies eine Unbeständigkeit in ihrer Zuneigung, welche sich zwar, wie unser Autor sagt, lediglich auf ihre Standhaftigkeit in einer gewissen eigennützigen Neigung gründete, aber doch bey allem dem der Schönheit ihrer Seele wenig Ehre machte.

**Tlantlaquakapatli** selbst giebt alle Hoffnung auf, sie über diesen Punkt zu rechtfertigen. — Es ist wahr, sagt er, **Tlaquatzin** (so hieſs der **Mann**) hatte einige Vorzüge vor dem guten **Koxkox**; — aber was für einen Werth haben Vorzüge, welche zu nennen man erröthen müſste?

Ihre Liebe zu **Koxkoxen** hing so zu sagen noch an zwey schwachen Faden: an der Erinnerung des Vergangenen, und an dem Verhältniſs, welches er gegen ihre Kinder hatte; denn daſs er Vater zu ihnen war, konnte nicht in Zweifel gezogen werden.

Aber die Unbeständige hatte wenig Mühe auch diese Faden abzureifsen. War die Erinnerung des Vergangenen für **Koxkoxen**, so sprach die Empfindung des Gegenwärtigen für **Tlaquatzin**; — war jener der Vater der Kinder die sie **hatte**, so unterliefs dieser nichts, um es von denen zu werden die sie **künftig** haben würde. Die Wage neigte sich also immer auf **Tlaquatzins** Seite.

So viel Kaltsinn von einer Person welche die Wollust seines Herzens gewesen war, und die kleinen Proben die er stündlich davon erhielt, übermochten endlich seine Geduld, und es kam zuletzt zu einem gänzlichen Bruch. Die anscheinende Geringfügigkeit der Veranlassung ist der stärkste Beweis, wie geneigt man auf beiden Seiten zu einer Trennung war.

**Kikequetzel** pflegte allezeit einen Kopfputz von himmelblauen Federn zu tragen, weil dieses die Lieblingsfarbe **Koxkoxens** war. Allein **Tlaquatzin** war für die hochgelbe Farbe. Sie hatte also nichts eilfertigers zu thun, als sich einen Kopfputz von gelben Federn zu machen. Er war in etlichen Stunden fertig, und der himmelblaue wurde in einen Winkel geworfen. Sie machte sich noch eine Schürze von gelben Federn, in welche kleine Blumen von allen Farben, nur keine himmelblaue, eingewebt waren.

Koxkox liefs sich einfallen, diese Parteylichkeit für die gelbe Farbe und diese Unbilligkeit gegen die himmelblaue sehr übel zu finden. Es kam zu einem bittern Wortwechsel zwischen ihm und der schönen Kikequetzel. Tlaquatzin blieb kein müfsiger Zuschauer dabey. Er rechtfertige den Geschmack der Schönen, aber in einem so beleidigenden Ton, dafs Koxkox alle Mäfsigung vergafs. Ein derber Schlag über die breiten Schultern des undankbaren Tlaquatzin kündigte den ersten Krieg an, der seit mehr als vierzehn Jahren den Frieden der schuldlosen Gefilde von Mexiko störte.

Koxkox blieb seinem furchtbaren Gegner keinen Streich schuldig; er wehrte sich wie eine Tigerkatze. Endlich gelang es der Schönen, die den unglücklichen Anlafs zu diesem Zweykampf gegeben hatte, die Streiter aus einander zu bringen. Es war hohe Zeit; denn Koxkox, der seine letzten Kräfte zusammen gerafft hatte, würde es nicht mehr lange gegen seinen überlegenen Nebenbuhler ausgehalten haben. Kikequetzel weinte bitterlich über diesen Zufall, und es schien sie zu schmerzen, dafs sie unbillig und undankbar gegen einen Freund gewesen war, der das erste Recht an ihr Herz hatte. Aber nichts war vermögend den Eindruck auszulöschen, den der gelbe Kopfschmuck auf ihn machte; und als Tlaquatzin und die Dame des folgenden Morgens aufstanden, war kein Koxkox in der ganzen Gegend mehr zu finden.

## 28.

Er war vor Aufgang der Sonne von seinem zum ersten Mahl schlaflosen Lager aufgestanden, und ging so weit ihn seine Füfse trugen, — um in andern Gegenden Menschen zu suchen, bey denen er die ungetreue **Kikequetzel** vergessen könnte. Ungern und traurig verliefs er die Hütten die er selbst aufgerichtet, die Gärten die er mit eigner Hand gepflanzt, die Lauben von Schasmin und Akacia die er über rieselnde Quellen her gewölbt hatte, — und die Kinder zu denen er Vater war. Aber ein sehnliches Verlangen sich zu rächen erhitzte seine Lebensgeister; er hoffte Gehülfen zu finden, mit deren Beystand er **den Mann**, der ihm seine Frau und seine Pflanzstätte vorenthielt, wieder vertreiben könnte.

Wir übergehen die besondern Umstände seiner langen Wanderungen, weil sie nicht zu unserm Vorhaben gehören. Genug, er fand endlich zu seinem großen Troste in einer Höhle, worin er einsmahls übernachten wollte, zwey Mädchen, von denen die älteste nicht über zwanzig zu seyn schien, welche ihm in seiner eigenen Sprache Antwort gaben, und nicht daran dachten, die Freude, zu welcher sie nach der ersten Bestürzung über seinen Anblick übergingen, vor ihm zu verbergen. Die seinige verminderte sich ein wenig, als bald darauf eine Frau von ungefähr vierzig Jahren in die Höhle trat, welche, man weiß nicht eigentlich ob die Mutter oder die Tante, der jungen Nymfen war. Sie war von der Klasse der **Penthesileen**, groß und stark von Gliedern, mit einer Tigerhaut angethan, und mit einer Keule auf der Schulter, die ihr von ferne das Ansehen einer verkleideten **Dejanira** gab — in den Augen eines **Antiquars** nehmlich; denn **Koxkox** bemerkte weiter nichts, als daß sie sich selber glich, und die Miene hatte es in allen Arten von Zweykampf nicht wohlfeil zu geben.

Wie dem auch seyn mochte, ein Mann, und ein so feiner Mann wie **Koxkox** zu seyn schien, war dieser kleinen weiblichen Gesellschaft unendlich willkommen; man bemühte sich um die Wette, ihn durch die freundlichste Begegnung davon zu überzeugen, und Koxkox fand, wir wissen nicht wie, Mittel und Wege, die Tante und die Nichten über die Annehmlichkeiten seiner Gesellschaft gleich vergnügt zu machen.

Nichts desto weniger hatte dieser glückliche Zustand nur wenige Wochen gedauert, als Koxkox anfing sich in seine vorige Heimath und zu seiner noch immer geliebten Kikequetzel zurück zu sehnen, die bey der Vergleichung, welche er sich nicht enthalten konnte zwischen ihr und diesen drey Waldnymfen anzustellen, von Tag zu Tage mehr gewann. Sein Herz schmeichelte ihm, daß sie sich vielleicht eben so sehr nach seiner Zurückkunft sehne; und er hoffte den mächtigen Tlaquatzin ohne grofse Mühe zum Tausch einer einzigen Frau gegen ihrer drey zu bewegen, zumahl da die Tante im Nothfall für zwey gelten konnte. Er säumte also nicht, seinen Freundinnen zu eröffnen, daß noch mehr Personen von seinem und ihrem Geschlechte das Glück gehabt hätten der grofsen Flut zu entgehen; daß er den Weg zu ihrer Wohnung wisse; daß diese Leute sehr willig seyn würden, sie in ihre Gesellschaft aufzunehmen; und daß sie dort viele kleine Annehmlichkeiten des Lebens finden würden, deren sie bisher hätten ermangeln müssen. Man hatte nicht das mindeste gegen seinen Vorschlag einzuwenden; und schon des nächsten Tages mit Anbruch der Morgenröthe waren die drey Schönen reisefertig, um mit ihm in ein Land zu ziehen, wo es — mehr Männer gab.

## 29.

Die schöne und unbeständige Kikequetzel hatte inzwischen ihres Orts auch Zeit gehabt, sich den Vorzug mehr als Einmahl gereuen zu lassen, den sie dem breitschultrigen Tlaquatzin vor dem sanften Koxkox gegeben hatte. Seine rauhe Gemüthsart machte einen sehr starken Abstich gegen die zärtliche Begegnung, an welche sie von Koxkoxen gewöhnt worden war: und wie dieser durch seinen Fleiſs und seine Neigung zum Pflanzen die Gegend um ihre Wohnung zu einem kleinen Paradiese gemacht hatte; so war sie hingegen durch die Trägheit ihres neuen Mannes, der sich bloſs mit der Jagd beschäftigte, unvermerkt wieder eine Wildniſs geworden.

Ihre Freude über Koxkoxens Wiederkunft würde also unbeschreiblich groſs gewesen seyn, wenn sie nicht durch den Anblick seiner Begleiterinnen in etwas wäre gemäſsiget worden. Indessen war doch in der Vorstellung, Personen von ihrem eigenen Geschlecht zum Umgang zu haben, etwas Angenehmes, das ihr auf einer andern Seite die Ungemächlichkeiten der Theilung zu ersetzen schien.

Auch der Herkulische **Tlaquatzin** hatte eine gedoppelte Ursache, sich die Wiederkunft seines alten Freundes wohl gefallen zu lassen: denn erstlich sah er ihn für einen Menschen an, der für ihn **arbeiten würde**; und zweytens war es ihm ganz angenehm, einen kleinen Harem zu seiner Disposizion zu haben.

Er machte nicht die geringste Schwierigkeit den Vertrag einzugehen, den ihm **Koxkox** anbot; denn er verliefs sich darauf, dafs er den Schlüssel zu **Kikequetzels** Herzen habe, so oft es ihm einfallen würde Gebrauch davon zu machen. Er hielt sich selbst Wort. Aber **Koxkox** (welcher so einfältig nicht war als er aussah) beruhigte sich damit, dafs **Kikequetzel** wieder einen himmelblauen Kopfputz trug, und dafs ihm die beiden Schwestern und die Tante selbst so viele Gelegenheit zur Rache gaben als er nur wollte.

30.

Die Gemeinschaft der Weiber, welche der weise Plato in seiner sehr idealischen Republik einzuführen beliebt hat, dürfte aufser derselben so viele Ungemächlichkeiten nach sich ziehen, und daher so vieler Einschränkungen und Präservative vonnöthen haben, dafs wir keinem Gesetzgeber rathen wollten, die Platonische Republik in diesem Stücke zum Modell zu nehmen.

Tlantlaquakapatli hält diese Gemeinschaft der Weiber — welche, wie wir nicht läugnen können, in unsrer Mexikanischen Kolonie herrschte und von den Ältern auf die Kinder erbte, — für die hauptsächlichste Quelle der Verderbnifs und Verwilderung der ältesten Mexikaner. Sie zog, sagt er, eine Menge schlimmer Folgen nach sich.

Die Werke der goldenen Venus — wie es Homer nennt, oder, wie es unser Autor geradezu nennt, das Geschäft der Fortpflanzung, welches nach den Absichten der Natur die Bande der zärtlichsten Liebe zwischen beiden Ältern sowohl als zwischen den Ältern und Kindern enger zusammen ziehen sollte, — wurde durch diese Vielmännerey und Vielweiberey zu einem bloſsen animalischen Spiele, wobey eine flüchtige Lust der einzige Zweck und das einzige Gute war, was man davon hatte.

Die Liebe im edlern Verstande, die Liebe die eine Empfindung des Herzens ist, hörte auf.

Eine Frau war für einen Mann — was die Hindin für den Hirsch ist, und umgekehrt.

Die Kinder waren nicht mehr das Liebste was die Ältern in der Welt hatten. Ein Kind hatte gar keinen Vater, eben darum weil so viele Männer gleich viel Anspruch an diesen Nahmen machen konnten.

Die Kinder wurden also mit sehr vieler Gleichgültigkeit der Natur und dem Zufall überlassen; und weil sich die Mütter selbst so wenig als möglich mit ihrer Erziehung zu thun machen wollten, so entstand nach und nach die unmenschliche Gewohnheit, kränkliche oder gebrechliche Kinder wegzusetzen.

Die natürliche Liebe der Kinder gegen die Ältern, welche ohnehin keiner der stärksten Naturtriebe ist, verlor sich fast gänzlich; man war seinen Ältern so wenig schuldig, daſs man sich weder verbunden noch geneigt fühlte sie mehr zu lieben als Fremde. Daher die eben so unmenschliche Gewohnheit, abgelebte Leute, welche sich ihren Unterhalt nicht mehr selbst verschaffen konnten, Hungers sterben zu lassen.

Die Ausgelassenheit der Mütter hatte, auſserdem daſs sie der Vermehrung nachtheilig war, auch natürlicher Weise die schlimme Folge, daſs die Kinder eine desto stärkere Anlage zu der nehmlichen Neigung erbten, welcher die Mütter am liebsten nachhingen. Daher eine gewisse Salacität, womit ihre Nachkommen angesteckt wurden, und welche sich bey der unverdorbenen Natur nicht findet.

Auch die natürliche Liebe eines Menschen zum andern wurde von Grad zu Grade desto schwächer, da ihre Lebhaftigkeit hauptsächlich von der Zuneigung für die Glieder der Familie, in deren Schooſs wir erzogen werden, abhängt; von der Gewohnheit geliebt zu werden und wieder zu lieben, welche unserm Herzen mechanisch und zu einem der dringendsten Bedürfnisse wird; von den Beyspielen der Liebe, der Zärtlichkeit, der gegenseitigen Aufmerksamkeit und Dienstleistung, welche uns von der Kindheit an umgeben: lauter Bedingungen, welche in einer Gesellschaft nicht Statt haben, die nur durch den kopulativen Naturtrieb beider Geschlechter, und den Trieb herdenweise mit einander zu laufen, der den meisten zahmen Thieren natürlich ist, zusammen gehalten wird.

Bey einer so grofsen Schwäche der natürlichen Zuneigungen hatten die eigennützigen Leidenschaften, die Begierlichkeit, der Zorn, die Rachsucht, kein andres Gegengewicht als das fysische Unvermögen. Ein jeder that alles was ihn gelüstete, aufser wenn er — nicht konnte.

Daher Gewaltthätigkeiten und Fehden ohne Zahl, welche sich, nachdem die Mexikaner zu vielen kleinen Horden angewachsen waren, in einem unversöhnlichen Hafs einer Horde gegen die andere und in ewigen Kriegen endigten, die so lange dauerten, als von jeder feindseligen Völkerschaft noch eine lebendige Seele übrig war.

Der emsige und erfindsame Fleifs, die Neigung zum Pflanzen und zum Feldbau, die Begierde Gemächlichkeiten zu erfinden und sich ein angenehmeres Leben zu verschaffen, welche die Mutter der übrigen Künste ist, wurden im Keim erstickt.

Die Liebe zu einem Weibe, das wir als die Hälfte unsers Wesens ansehen, die Liebe zu Kindern, in welchen wir uns selbst wieder hervorgebracht und vervielfältigt sehen, — diese Liebe ist fähig uns der Trägheit zu entreifsen, die den einzelnen Menschen mit jedem leidlichen Zustande zufrieden macht. Sie macht uns auf die kleinsten Bedürfnisse dieser geliebten Gegenstände aufmerksam, und setzt alle unsere Fähigkeiten in Bewegung ihnen zuvor zu kommen. Nicht zufrieden, dafs diese werthen Geschöpfe nur leben sollen, wollen wir dafs sie angenehm leben. Wir arbeiten, wir erfinden, wir bessern unsre Erfindungen aus, und gefallen uns in einer Geschäftigkeit, welche diejenigen, die wir lieben, glücklicher macht.

Alles diefs hörte auf, so bald die zärtlichen Familienbande aufgelöst waren. Nach und nach sanken die Nachkommen von Koxkox und Tlaquatzin zur blofsen Thierheit herab. Sie behalfen sich mit wilden Früchten und Wurzeln, wohnten in Grüften und hohlen Bäumen, und suchten in einem gedanken- und arbeitlosen Müfsiggang das höchste Gut des Lebens.

## 31.

So schildert uns (sagt Tlantlaquakapatli\*) die Geschichte den Zustand unsrer ältesten Vorfahren. Wie ungleich jener liebenswürdigen Unschuld, welche den guten Koxkox in den Armen seiner zärtlichen Kikequetzel beseligte, als sie noch die einzigen Bewohner der fruchtbaren Thäler waren, die sich am Fuße des Gebirges Kulhuakan verbreiten! als Kikequetzel sich noch nicht träumen ließ, daß ein andrer Mann mehr Mann seyn könne als Koxkox, und dieser noch nicht gelernt hatte, sich für unangenehme Augenblicke in seinem Hause in den Armen einer andern zu entschädigen; als jedes dem andern noch die ganze Welt war; als Kikequetzel, wenn sie mit Emsigkeit an einem Bette von den weichsten Federn arbeitete, sich mit dem Gedanken aufmunterte, „er wird desto süßer ruhen!" — und Koxkox, wenn er die Bäume wachsen sah, die er gepflanzt hatte, sich an der Vorstellung ergetzte, daſs seine Kinder unter ihrem Schatten spielen würden! — Und o! wie wenig, (setzt der Filosof mit einem Seufzer hinzu) wie wenig brauchte es, diese Unschuld zu vernichten! Der verwünschte Tlaquatzin! Warum muſste er sich in diese Gegenden verirren!

Doch, Tlantlaquakapatli ist Filosof genug, um sich bald wieder zu fassen, und zu gestehen, daſs, wenn auch Tlaquatzin mit der Tante und ihren zwey Nichten nicht gewesen wäre, hundert andere zufällige Begebenheiten, früher oder später, vermuthlich die nehmliche Wirkung hervorgebracht haben würden; und er beschlieſst seine Erzählung mit einer Betrachtung, welche wir aus voller Überzeugung unterschreiben.

„Die Unschuld des goldnen Alters, (sagt er) wovon die Dichter aller Völker so reitzende Gemählde machen, ist unstreitig eine schöne Sache; aber sie ist im Grunde weder mehr noch weniger als — die Unschuld der ersten Kindheit. Wer erinnert sich nicht mit Vergnügen der schuldlosen Freuden seines kindischen Alters? Aber wer wollte darum ewig Kind seyn? Die Menschen sind nicht dazu gemacht Kinder zu bleiben; und wenn es nun einmahl in ihrer Natur ist, daſs sie nicht anders als durch einen langen Mittelstand von Irrthum, Selbsttäuschung, Leidenschaften und daher entspringendem Elend zur Entwicklung und Anwendung ihrer höhern Fähigkeiten gelangen können, — wer will mit der Natur darüber hadern?"

# BETRACHTUNGEN

## ÜBER

## J. J. ROUSSEAUS

## URSPRÜNGLICHEN ZUSTAND

## DES MENSCHEN.

---

1770.

Die Aufschrift über der Pforte des Delfischen Tempels:

„Lerne dich selbst kennen!"

enthielt ohne Zweifel ein wichtiges, und in der That nicht leichtes Gebot.

Aber daſs es, wie Rousseau versichert, — „wichtiger und schwerer sey, als alles was die groſsen dicken Bücher der Moralisten enthalten," — ist (mit seiner Erlaubniſs) nichts gesagt.

Diese Moralisten, von denen Rousseau so wenig zu halten scheint, konnten doch wohl keinen andern Zweck haben, als in ihren groſsen dicken Büchern den Inhalt

dieses nehmlichen γνωθι σεαυτον zu entwickeln. —
Und daſs unter so vielen, welche, von **Hermes Trismegistus** Zeiten bis auf diesen Tag, an der Auflösung dieses Räthsels gearbeitet haben, auch **nicht Einer** es errathen haben sollte — wahrlich, das würde den Moralisten wenig Ehre machen!

Doch, gesetzt auch sie hätten sammt und sonders, den guten **Plutarch** mit eingerechnet, ihre Mühe dabey verloren: so begreife ich doch nicht, wie wir **weniger** aus ihren Büchern lernen könnten, als — was uns die Delfische Pforte lehrt, nehmlich — „daſs es dem Menschen gut sey, sich selbst zu kennen." — Und was haben wir da gelernt?

Der grofse Punkt ist, — wie wir es anzufangen haben, um zu dieser Erkenntniſs zu gelangen? — und hierüber macht uns diese Pforte nicht klüger als der elendeste Kommentar, der jemahls über die **Ethik des Aristoteles** geschrieben worden ist.

Der obige Ausspruch unsers Freundes *Jean-Jaques* ist also, wie viel er auch beym ersten Anblick zu sagen scheint, um nichts weiser als wenn jemand sagte: der erste Vers des ersten Buchs Mose enthalte unendliche Mahl mehr Wahrheit als die sämmtlichen

Werke aller Naturforscher; weil am Ende doch alles, was uns diese Biedermänner von Himmel und Erde lehren, nur ein sehr kleiner Theil von dem ist, was Himmel und Erde in sich fassen, und (wie Shakspeares Hamlet sagt) noch gar viel in beiden ist, wovon sich unsre Filosofen (selbst den neuesten, dem so viel davon träumt, nicht ausgenommen) wenig träumen lassen.

## 2.

Mit aller Ehrerbietung, die wir den Modefilosofen unsrer Zeit schuldig sind, sey es gesagt, dafs ihre beredten Schriften von dergleichen Gedanken wimmeln, die nur so lange etwas feines oder grofses oder neues sagen, als die Leser gefällig oder bequem oder unwissend genug sind, sie für das gelten zu lassen, wofür ihr Gepräge sie ausgiebt.

Was für Ungereimtheiten hat nicht die Begierde etwas neues, *novum, audax, indictum ore alio*, zu sagen, schon oft die feinsten Köpfe sagen gemacht! — Zumahl in Zeiten, wie die unsern, da Witz und Beredsamkeit einen Freybrief haben die gesunde Vernunft zu mifshandeln, wenn es nur auf eine sinnreiche Art geschieht; wo Hippiasse und Karneaden durch rhetorische Taschenspielerkünste die Bewunderung ihrer Zeitgenossen erschleichen; und neuer Unsinn, in schöne Bilder gekleidet, mit spielenden Gegensätzen verbrämt, und mit den Schellen des rednerischen Wohlklangs behangen, willkommner ist, als die alte Vernunft in ihrem schlichten Sokratischen Mantel!

War es diese Begierde zu schimmern, oder war es Laune, oder Misanthropie, — oder sollen wir glauben, daſs es wirklich Liebe zur Wahrheit und Wohlneigung gegen das menschliche Geschlecht gewesen sey, was den scharfsinnigen Schriftsteller, welchen wir vorhin zu tadeln uns die Freyheit genommen haben, bewegen konnte, mitten im achtzehnten Jahrhundert die Filosofie der alten Gymnosofisten wieder in Achtung bringen zu wollen, und, ohne Hoffnung auch nur einen einzigen Schüler zu machen, den abenteuerlichen Satz zu behaupten: „daſs der ursprüngliche Stand des Menschen der Stand eines zahmen Thieres gewesen sey;" — und daſs man allen Nazionen, unter denen sich (nach seinem Ausdruck) die Stimme des Himmels nicht habe hören lassen, keinen bessern Rath geben könne, als „in die Wälder zu den Orang-Utangs und den übrigen Affen, ihren Brüdern, zurückzukehren, aus welchen sie eine unselige Kette von Zufällen zu ihrem Unglücke heraus gezogen habe."

Man braucht die Schriften dieses sonderbaren Mannes nur mit einer mittelmäfsigen Gabe von Gutherzigkeit gelesen zu haben, um sich gern überreden zu lassen, dafs vielleicht niemahls ein Schriftsteller von der Güte seiner Absichten und von der Wahrheit seiner Grillen so überzeugt gewesen sey als Rousseau. Man kann sich nicht erwehren dem Manne gut zu seyn, der die verhafstesten Paradoxen mit einer so aufrichtigen Miene von Wohlmeinenheit vorbringt, — mit einer so ehrlichen Miene die seltsamsten Fehlschlüsse macht, und uns aus der Fülle seines Gefühls zuschwört, dafs alles gelb sey, ohne den kleinsten Verdacht zu haben, dafs doch wohl vielleicht er selbst mit der Gelbsucht behaftet seyn könnte.

Und gesetzt auch, der Zusammenhang seiner Grundsätze, und der dogmatische Ton, den er, aller seiner Protestazionen ungeachtet, aus so vollem Munde anstimmt, könnte einige Zweifel ——

Doch nein! Wir haben kein Recht, an der Aufrichtigkeit seiner Versicherung zu zweifeln; und niedrig wär' es, den Mann, der uns Gutes thun will, mit Vorwürfen zu verfolgen, weil er das Loos aller Sterblichen erfahren, und sich auf seinem Wege verirrt hat. Lassen wir die Anmaſsung — die Herzen der Schriftsteller aufzureiſsen, um die geheimen Absichten derselben vor einen unbefugten Richterstuhl hervor zu ziehen, lassen wir diese verwegene Anmaſsung jener verachtenswürdigen Art von Gleiſsnern, welche unter dem scheinbaren Vorwande, die gute Sache zu vertheidigen, ihre eigenen lichtscheuen Absichten an der Vernunft und ihre Dummheit an dem Witze, wie der Affe seine Miſsgestalt am Spiegel, rächen wollen.

Die Freyheit zu filosofieren, (welche, so lange wir nicht mit dem Rousseauischen Menschen in die Wälder, oder, was noch ein wenig schlimmer wäre, so lange wir nicht in die Barbarey der Gothen und Vandalen zurückzukehren gedenken, eine der stärksten Stützen der menschlichen Wohlfahrt ist) muſs sich auf alle erstrecken, welche von Gegenständen, die innerhalb des menschlichen Gesichtskreises liegen, ihre Meinung mit Bescheidenheit sagen, wie seltsam und widersinnig auch immer ihre Meinung scheinen mag. Wie oft ist etwas in der Folge als eine ehrwürdige und nützliche Wahrheit befunden worden, was Anfangs alle Stimmen gegen sich hatte! — Und auch der Irrthum selbst, diese nicht allezeit vermeidliche Krankheit der Seele, giebt Gelegenheit, den Mitteln besser nachzuforschen, wodurch er geheilt werden kann, und wird dadurch wohlthätig für das menschliche Geschlecht.

---

### 3.

Ein Schauspiel, das die Menschlichkeit empört, wenn man es von der häfslichen Seite ansieht, — der Anblick der ausschweifendsten Üppigkeit und zügellosesten Verderbnifs der Sitten in einer von den Hauptstädten Europens, in diesem modernen Babylon, — welchem ein Filosof im siebenten Stockwerke, um seiner liebenswürdigen Narrheiten, um seiner artigen Talente und auf den äufsersten Grad verfeinten Künste willen, seine Laster nicht so leicht verzeihen kann als der Filosof zu Ferney, wenn er das Glück gehabt hat wohl zu verdauen, aus seinem kleinen bezauberten Schlosse; — der Anblick des Übermuths, mit welchem die veräctliche Klasse der Poppäen und Trimalcione des öffentlichen Elends, dessen Werkzeuge sie sind, spotten; — der traurig machende Anblick eines unterdrückten Volkes unter dem besten der Könige: — solche Ansichten — aus einem Dachstübchen betrachtet — sind sehr geschickt, den Betrachtungen eines filosofischen Zuschauers über unsre Verfassungen, Künste und Wissenschaften eine solche Stärke zu geben, und ein so schwermüthiges Helldunkel über sie auszubreiten; daſs man nichts andres nöthig hat, um zu begreifen, wie dieser Filosof, mit einer schwärmerischen Einbildungskraft, einem warmen Herzen und etwas galliger Reitzbarkeit, auf den Einfall kommen konnte: „Es würde diesem Volke besser seyn, gar keine Gesetze, Künste und Wissenschaften zu haben."

Laſst in diesem Augenblick eine Akademie die Frage aufwerfen: „ob Wissenschaft und Kunst dem menschlichen Geschlechte mehr Schaden oder Nutzen gebracht haben?" — wird er wohl in einer solchen Gemüthsstimmung Bedenken tragen, Wissenschaften und Künste, die er als Sklavinnen des Glücks und der Üppigkeit, als Quellen der sittlichen Verderbniſs und Beförderinnen der Unterdrückung ansieht, für die wahre Ursache alles menschlichen Elends zu erklären?

Und, noch voll von den lebhaften Gemählden, in welchen ihm seine Fantasie die Evidenz dieser vermeinten Wahrheit anzuschauen giebt, — wird er nicht, wenn eine andre Akademie seine Galle durch die Frage heraus fordert: „welches der Ursprung der Ungleichheit unter den Menschen sey, und in wie fern selbige durch das natürliche Gesetz berechtigt werde oder nicht?" — die Auflösung dieses Problems schon gefunden zu haben glauben, und uns mit dem zuversichtlichsten Tone der Überzeugung überreden wollen: dafs alles Übel, wovon das menschliche Geschlecht gedrückt wird, blofs aus dieser Ungleichheit, als der wahren Büchse der Pandora, hervor gegangen sey, und dafs es kein gewisseres Mittel davon befreyt zu werden gebe, als alle Gewänder und Ausschmükkungen der Natur, alle unsre Wissenschaften, Künste, Polizey, Bequemlichkeiten, Wollüste und Bedürfnisse von uns zu werfen, und nakkend — gleich dem jungen Hottentotten auf dem Titelkupferstich seines Buches — zu unsrer ursprünglichen Gesellschaft, den Vierfüfsigen, in den Wald zurückzukehren?

Sollte diefs nicht die geheime Geschichte des Rousseauischen Systems gewesen seyn?

### 4.

Dieses vorausgesetzt, scheint es einiger Mafsen begreiflich zu werden, wie Rousseau auf den Einfall habe kommen können, sich den ursprünglichen Stand der Menschheit als einen solchen zu denken, worin der Mensch von dem übrigen Vieh, aufser einer vortheilhaftern Bildung, durch nichts — „als die unselige Möglichkeit aus demselben heraus zu gehen" — unterschieden gewesen sey.

„Betracht' ich, spricht er, den Menschen, wie er aus den Händen der Natur kam, so sehe ich ein **Thier**, das zwar nicht so stark als einige, nicht so behend als andere, aber, alles zusammen genommen, doch unter allen am vortheilhaftesten organisiert ist; ich sehe es sein Futter unter einer Eiche suchen, aus dem ersten besten Bache seinen Durst löschen, sein Lager unter dem nehmlichen Baume nehmen, der ihm zu fressen gegeben hat: und so sind seine Bedürfnisse befriediget." —

Doch nicht gar alle! — Es giebt Augenblicke, — welche ich nicht so natürlich beschreiben möchte, als es der eleganteste Schriftsteller aus dem politen Zeitalter **Augusts** gethan hat, und die man, sogar in **London**, (wo so viel erlaubt ist was man anderswo für unzulässig halten würde) nicht auf öffentlicher Schaubühne vorzustellen wagt, wie es **Aristofanes** zu **Athen**, dem Sitz der Griechischen **Urbanität**, wagen durfte — Augenblicke — Doch wir wollen unsern Schriftsteller selbst davon reden lassen.

„Zu fressen haben, (fährt Rousseau fort) schlafen, und — sein Weibchen belegen, sind die einzigen Glückseligkeiten, von denen er einen Begriff hat." [1]

Und damit wir uns nicht etwann einbilden, er lebe mit seinem Weibchen und mit seinen Jungen in einer Art von **Familiengesellschaft**, wovon wir sogar bey einigen thierischen Gattungen Beyspiele sehen; setzt er — nicht ohne den **Grotiussen** und **Puf-**

---

[1] S. 24 und 157.

fendorfen einen verächtlichen Seitenblick zu geben — hinzu:

„Sich die ersten Menschen in eine **Fami-**
**lie** vereiniget vorstellen, daſs hieſse den Fehler derjenigen begehen, die, wenn sie über den Stand der Natur räsonieren, die Ideen mit hinein bringen, welche sie aus der Gesellschaft entlehnt haben: da doch in diesem **primitiven** Stande, wo die Menschen weder Häuser noch Hütten noch Eigenthum von irgend einer Gattung hatten, ein jeder sich lagerte wo ihn der Zufall hinführte, und oft nur für eine einzige Nacht; wo die Männchen und Weibchen eben so zufälliger Weise, wie sie einander ungefähr begegneten und Gelegenheit oder Trieb es mit sich brachte, sich zusammen thaten, ohne daſs die Sprache ein sehr nothwendiger Dolmetscher der Dinge war, die sie einander zu sagen hatten, und sich mit eben so wenig Umständen wieder von einander verliefen." 2)

Man kann sich leicht einbilden, daſs Leute, die so wenig Umstände mit einander machen, und der süſsen Werke der goldenen Venus auf eine so thierische Art pflegen, nicht sehr zärtliche **Ältern** seyn werden. Auch

---

2) S. 28, 29.

bekümmert sich, nach Rousseaus Versicherung, der **Vater** um seine Kinder nichts. Und wie sollte er? da er sie nicht kennt, und vielleicht Jahrtausende vorbey gehen, bis endlich einer von diesen maschinenmäſsigen Vätern den Verstand hat, beym Anblick solcher kleiner Geschöpfe die tiefsinnige Betrachtung anzustellen, — „daſs er vielleicht durch eine gewisse Operazion, ohne es selbst zu wissen, zu ihrem Daseyn Gelegenheit gegeben habe."

Was die **Mutter** betrifft, so ist es freylich ihre Schuld nicht, daſs sie sich gezwungen sieht sich eine Zeit lang mit ihrem Kinde abzugeben. — „Sie säugt es Anfangs ihres eigenen Bedürfnisses wegen, (spricht Rousseau) hernach, da die Gewohnheit es ihr lieb gemacht hat, wegen des Bedürfnisses des Kindes selbst. Aber so bald die Kinder groſs genug sind sich ihr Futter selbst zu suchen, so verlaufen sie sich von der Mutter, und so kommt es bald dahin, daſs sie einander nicht mehr kennen." 3)

Eh' es dahin kommt, hat also die Mutter, man weiſs nicht recht warum, die Gütigkeit, ihre Jungen mit sich herum zu schleppen. — „Wahr ists, (sagt unser Filosof) wenn die Mut-

---

3) S. 29.

ter umkommt, so läuft das Kind Gefahr mit ihr umzukommen; aber (setzt er tröstlich hinzu) diese Gefahr ist hundert andern Gattungen von Thieren gemein, deren Junge in langer Zeit unvermögend sind ihre Nahrung selbst zu suchen." 4)

Der natürliche Mensch des Filosofen *Jean-Jaques* ist also (die verwünschte Vervollkommlichkeit ausgenommen) weder mehr noch weniger als ein andres Thier auch; und es ist pure Höflichkeit, daſs er ihm die langen krummen Klauen des Aristoteles, und den Schwanz, welchen die Reisebeschreiber Gemelli Karreri und Johann Struys einigen Einwohnern der Inseln Mindero und Formosa zulegen, erlassen hat. 5)

Der Rousseauische Mensch ist es, dem der Nahme eines Wilden — den die Spanier den Amerikanern zu Beschönigung ihrer widerrechtlichen Gewaltthätigkeiten gegeben haben — im eigentlichen Verstande zukommt. Er überläſst sich, ohne mindeste Ahnung der Zukunft, dem Gefühl des gegenwärtigen Augenblicks; seine Begierden gehen nicht über seine körperlichen Bedürfnisse hinaus; das groſse Schauspiel der Natur ist unvermögend

4) S. 12.   5) S. 6.

ihn aus seiner schlafsüchtigen Dummheit aufzuwecken; in seinem ganzen Leben fällt ihm nicht ein, zu fragen, **wer bin ich? wo bin ich? warum bin ich?** —

Doch das letztere könnten wir ihm zu gut halten. Es gehört in der That beynahe eben so viel dazu, diese Fragen **aus sich selbst** zu thun, als sie recht zu beantworten. Aber was Rousseau in der menschlichen Natur entdeckt haben könne, das ihm Ursache gegeben, nichts natürlicher zu finden als die **Ungeselligkeit**, welche die Grundlage seines Systems über den ursprünglichen Stand ausmacht, — kann ich nicht errathen.

Seinem Vorgeben nach hat die Natur „sehr wenig dafür gesorgt, die Menschen durch gegenseitige Bedürfnisse einander näher zu bringen, und so wenig als möglich zu den Verbindungen beygetragen, welche sie zum Untergang ihrer Freyheit und Glückseligkeit unter einander getroffen haben." 6) —

Was für wunderliche Dinge Witz und Galle einen Filosofen sagen machen können!

6) S. 37.

## 5.

Ungeachtet Rousseau sich gleich Anfangs erklärt, dafs es bey Untersuchung der akademischen Frage, über welche er schreibt, gar nicht auf Thatsachen ankomme: so scheint er doch in der Folge das Unschickliche davon selbst empfunden zu haben, und beruft sich daher einigemahl auf die Hottentotten, die Karaiben und die wilden Indier in Nordamerika; wiewohl in der That niemahls, wo es auf Befestigung der Hauptsätze seines Systems ankommt. Was hätten sie ihm auch dazu helfen können? Keine einzige von allen diesen kleinen Völkerschaften, die man Wilde nennt, befindet sich in diesem viehischen Stande, den er zu unserm ursprünglichen macht. Sie leben alle in einer Art von Gesellschaft; sie kennen Freundschaft, eheliche und älterliche Liebe; sie sind nicht ohne alle Kunst; und es ist mehr als zu wahrscheinlich, dafs sie erst durch das unmenschliche

Verfahren der Kastilianer in eine gewisse Wildheit hinein geschreckt worden sind, die ihnen nicht natürlich war.

Aber gesetzt auch, die Wildheit aller dieser wirklichen oder fabelhaften Wilden, wovon man uns so viel wunderliche Dinge erzählt, von den Kyklopen des alten Vater Homer bis zu den Kaliforniern des Vater Venegas, wäre noch ein wenig größer als sie beschrieben wird: was könnte damit bewiesen werden, als daß „Menschen zufälliger Weise sehr nahe zu den Thieren herunter sinken können, und daß, wenn es einmahl so weit mit ihnen gekommen ist, ein Zusammenfluß vieler günstiger Umstände erfordert wird, um die Menschheit wieder bey ihnen herzustellen?" — und wem ist jemahls eingefallen hieran zu zweifeln?

## 6.

Bey einer Untersuchung des ursprünglichen Standes der Menschen scheint die Frage, „wo die ersten Menschen hergekommen," nicht ganz überflüssig zu seyn. Rousseau hat (wir wissen nicht warum) nicht für gut befunden ihrer zu erwähnen. Man kann diese Unterlassung nicht damit rechtfertigen, daſs dieser Umstand durch die Offenbarung ins Klare gesetzt sey. Denn aus diesem Grunde hätte sich Rousseau seine ganze Untersuchung ersparen können; und überhaupt bewies man vor neun hundert Jahren aus diesem Grunde, „daſs man über gar nichts filosofieren müsse, was der Mühe werth ist."— Es ist das nehmliche weise Argument, kraft dessen der Saracenische Kalif Omar die Bibliotheken zu Alexandria, als diese Hauptstadt Ägyptens in seine Gewalt fiel, zum Feuer verurtheilt haben soll. — Wenn es erlaubt ist, über den ursprünglichen Stand des Menschen zu filosofieren, so muſs sich diese Freyheit auch auf seinen Ursprung selbst erstrekken; es ist für eines so viel Grund als für das andere.

Gesetzt nun, wir wollten — welches sehr weit von uns entfernt ist — die Gefälligkeit für die alten Priester zu Memfis so weit treiben, und alle die Überschwemmungen und Ausbrennungen des Erdbodens, von denen sie Nachrichten zu haben vorgaben, 7) für wahr annehmen; ja, gesetzt wir wollten den Ursprung der Menschen so weit hinaus setzen als die fabelhaften Japaner: so würden wir doch nicht umhin können, endlich einige anzunehmen, welche die ersten gewesen wären. Eine Reihe, die keinen Anfang hat, mag, wenn man will, aus metafysischen Gründen eben so möglich seyn, als eine unendlich theilbare Materie; aber gewiſs ist, daſs sie, wie sehr viele andre transcendentale Dinge, den Fehler hat, daſs sie unvorstellbar ist.

Diese Ersten also, woher kamen sie?

Sind sie aus dem Monde herab gefallen?

Oder, wie Manko-Kapak, der Orfeus der Peruvianer, aus der Sonne herab gestiegen?

---

7) S. den Timäus des Plato.

Oder, nach der gemeinen Meinung der Alten, aus dem **Boden** hervor gewachsen? 8)

Oder sind sie, nach der sinnreichen Hypothese des Filosofen **Anaximander**, aus einer Art von **Fischen** hervor gekrochen? 9)

Oder hat vielleicht die Natur, wie **Lukrez** uns glauben machen will, 10) erst eine Menge Versuche machen müssen, bis es ihr endlich gelungen einen vollständigen Menschen herauszubringen?

Wahrhaftig, meine Herren Manko-Kapak, Demokritus, Anaximander, Lukrez, und wie ihr alle heißt, es möchte sich wohl nicht der Mühe verlohnen, zu untersuchen welcher von euch die lächerlichste Meinung habe; — aber was ihr alle zugeben müßt, ist: „daß nur derjenige den **Nahmen des ersten Menschen** verdienen kann, welcher — **der erste Mensch** war; das ist, bey dem sich zuerst die **vollständige Anlage** alles dessen befunden, was den wesentlichen Unterschied unsrer Gattung von den übrigen Geschöpfen ausmacht." Und wenn wir einmahl **so weit** einig sind, so wer-

---

8) *Diod. Sicul. L. I. c.* 10.
9) *Plutarch Symposiac. L. VIII. c.* 8.
10) *Lucret. L. V.*

den wir, denke ich, kein Orakel entscheiden lassen müssen: „ob die Natur (wenn anders Verstand und Absicht in ihren Wirkungen ist) nicht wenigstens ein Paar solcher Menschen, welches die Gattung zu vermehren geschickt war, habe hervorbringen müssen?"

Nun läfst sich wohl nichts andres denken, als dafs der erste Zustand dieser Protoplasten, wie vollkommen wir auch ihre Organisazion voraussetzen, wenig besser als eine Art von Kindheit seyn konnte; es wäre denn, dafs wir ihnen angeborne Kenntnisse leihen wollten, wozu wenigstens die blofse Vernunft ihre Stimme nicht giebt. Alles bis auf ihren eigenen Leib war ihnen fremd und unbegreiflich. Verschlungen in die Unermefslichkeit der Natur, hatten sie ohne Zweifel einige Zeit vonnöthen, um sich aus der ersten Betäubung so vieler auf sie zusammen drängender Eindrücke zu erhohlen. Allein Aufmerksamkeit und Übung mufsten sie bald den Gebrauch ihres Körpers und der übrigen Dinge, welche zu Mitteln ihrer Erhaltung und ihres Vergnügens bestimmt schienen, kennen lehren; und es brauchte — wenn wir uns nicht zur Kurzweil Schwierigkeiten erschaffen wollen, welche in der Natur nirgends sind — weder Jahrtausende noch Jahrhunderte dazu.

### 7.

Rousseau ist nicht dieser Meinung. Er sieht den Übergang aus dem Stande der Natur in den Stand der Policierung als eine Sache an, die von allen Seiten mit unübersteiglichen Schwierigkeiten umgeben ist. Er kann nicht begreifen, wie Ein Mensch zuerst habe auf den Einfall kommen können, ein Weibchen für sich selbst zu behalten, eine Hütte für sie zurechte zu machen, und der Vater von seinen Kindern zu seyn? — Oder wie etliche Menschen auf den Gedanken hätten gerathen können, Gesellschaft mit einander zu machen, und anders als nach Verflufs vieler tausend Jahre eine so tiefsinnige Wahrheit zu ergründen, als diese ist: dafs vier Arme mehr vermögen als zwey, und vier und zwanzig mehr als vier. In diesem Stücke scheint es ihm (ohne Vergleichung) wie dem berühmten Sultan Schach-Baham zu gehen, der immer über die alltäglichsten

Sachen zu erstaunen pflegte, und nichts so gut begreifen konnte, als was am unwahrscheinlichsten war; ein Beyspiel, dafs Witz und Dummheit auf ihrem äufsersten Grade einerley Wirkung thun.

Rousseau hätte vieler Bemühung des Geistes bey dieser Gelegenheit überhoben seyn können; denn wer in der Welt wird ihm die Folgen streitig machen, die er aus seiner Hypothese zieht? — Die Hypothese selbst ist es, was wir ihm geradezu wegläugnen. Ganz gewifs würde das wilde, ungesellige, dumme, Eicheln fressende Thier, das er seinen Menschen nennt, in Ewigkeit keine Sprache erfunden haben, wie die Sprache Homers und Platons ist. Wer wollte sich die Mühe geben, einen solchen Satz erst durch tiefsinnige Erörterungen zu beweisen? Das heifst die Gründe weitläufig aus einander setzen, warum, vermöge der Gesetze der Mechanik, ein Gichtbrüchicher schwerlich jemahls auf dem Seile tanzen lernen wird. — Schade um alle die schönen Antithesen, die er bey dieser Gelegenheit spielen läfst!

Doch, wir wollen ihm nicht Unrecht thun: es ist sein ganzer Ernst; er sieht alle diese ungeheuern Schwierigkeiten wirklich, von denen er spricht; und sie müssen wohl gewifs entsetzlich in seinen Augen seyn, weil sie ihn beynahe dahin bringen, seine Zuflucht zu einem *Deus ex machina* zu nehmen. Gleichwohl würden alle diese Fantomen auf einmahl verschwunden seyn, wenn er nur diese zwey Sätze, die einfachsten von der Welt, weniger unnatürlich gefunden hätte:

„Daſs die Menschen aller Wahrscheinlichkeit nach, von Anfang an in Gesellschaft lebten — und von allen Seiten mit natürlichen Mitteln umgeben sind, die ihnen die Entwicklung ihrer Anlagen erleichtern helfen."

8.

Man könnte übrigens unserm Filosofen den Satz: „dafs, der Vervollkommlichkeit ungeachtet, die meisten Fähigkeiten des Menschen viele Jahrhunderte durch unentfaltet bleiben können," eingestehen, ohne dafs seine Hypothese viel dadurch gewinnen würde. Die natürliche Trägheit, aus welcher Helvezius nicht ohne Grund eine Menge psychologischer Erscheinungen erklärt — die daher rührende Begnügsamkeit an jedem leidlichen Zustande, in welchem dieser Trägheit am wenigsten Gewalt geschieht, und die durch beides verdoppelte Macht der Gewohnheit lassen uns leicht begreifen, wie ein Volk (zumahl in einem Erdstriche, dessen Beschaffenheit die Wirkung dieser Ursachen noch verstärkt) Jahrtausende durch, wofern es sich selbst überlassen bleibt, in einem sehr unvollkommnen Zustande beharren könne.

Sittliche und politische Ursachen hemmen in **Sina** den Fortschritt der Wissenschaften, welche sich in diesem ungeheuern und in einigen Stücken sehr gut policierten Reiche noch immer in der Kindheit befinden. — **Fysische Ursachen** halten den **Lappen** und den Bewohner der gefrornen Länder um **Hudsons-Bay** seit undenklicher Zeit in einem so eingeschränkten Kreise von Bedürfnissen und von Thätigkeit, daſs Reisende, welche den Geist der Beobachtung nicht empfangen haben, und den sittlichen Menschen in einem Gewande von Pelzwerk und Seehundsfellen nicht zu erkennen fähig sind, kein Bedenken tragen, ihren Zustand für **viehisch** zu erklären.

Aber mit der **Geselligkeit**, diesem wesentlichen Zuge der Menschheit, hat es eine ganz andere Bewandtniſs. Der Mensch, — wenn wir auch bis in die ersten Augenblicke seines Daseyns zurück gehen, und ihn in einem Stande nehmen wollen, wo seine Seele noch der unbeschriebenen Tafel des Aristoteles gleicht, — der Mensch braucht nur seine Augen aufzuheben, und einen andern Menschen zu erblicken, um die süſse Gewalt des sympathetischen Triebes zu fühlen, der ihn zu seines gleichen zieht.

Und etwa nur zu seines gleichen? — Die ganze Natur hat Antheil an seiner Empfindsamkeit und Zuneigung. Diese Empfindsamkeit ist die wahre Quelle jener aus Bewunderung, Freude und Dankbarkeit gemischten Gefühle, womit die Wilden die aufgehende Sonne und den vollen Mond begrüſsen. Sie macht uns den Baum lieben, der uns seinen Schatten geliehen hat, und sie beförderte vermuthlich den enthusiastischen Hang der ältesten Menschen, allem in der Natur eine Seele zu geben, und sich einzubilden, daſs alles, was uns Empfindung einflöſst, sie mit uns theile.

„Ich habe Mitleiden (sagt der gröſste Kenner des menschlichen Herzens der mir bekannt ist) mit dem Manne, der von Dan bis gen Beerseba reisen kann, und ausrufen: alles ist öde! — Ich erkläre, sagte ich, indem ich meine Hände mit einer zärtlichen Bewegung zusammen schlug, daſs ich auch in einer Wüste etwas ausfündig machen wollte, über welches ich meine Zuneigung ergieſsen könnte. — Könnt' ich nichts bessers thun, so wollt' ich sie an irgend eine holde Myrte heften, oder mir irgend eine melankolische Cypresse aussuchen, um eine Art von Freundschaft mit ihr zu machen. — Ich wollte ihrem Schatten liebkosen, und sie zärtlich um ihren Schutz begrüfsen. — Ich wollte meinen Nahmen in sie schneiden, und schwören, sie wären die liebenswürdigsten Bäume in der ganzen Wildnifs. Welkte ihr Laub, so würd' ich mit ihnen trauern, und mich mit ihnen freuen, wenn ihr lachendes Aussehen mich beredete, dafs sie sich freueten." 11)

Stellen wir uns einen Menschen vor, der, aller Gesellschaft beraubt, Jahre lang in einem Kerker geschmachtet, und die Hoffnung, jemahls wieder ein menschliches Angesicht zu sehen, endlich aufgegeben hätte. — Däucht es uns unwahrscheinlich, dafs in diesem elenden Zustande ein kleiner Vogel, oder eine Maus, oder in Ermanglung irgend eines andern lebendigen Geschöpfes, sogar eine ekelhafte Spinne ein Gegenstand für seine zärtlichsten Regungen werden könnte? — Dafs diese Spinne nach und nach in seinen Augen so schön werden könnte, als die reitzendste Toskanische Amaryllis in den Augen ihres Platonischen Schäfers; dafs er sie auf seinem Teller essen lassen, dafs er ganze Tage mit ihr spielen, dafs er sich, durch die anhaltendste Aufmerksamkeit eine Art von

---

11) *Yorick's Sentimental Journey, Vol. I. p.* 85.

Sprache mit ihr machen, sich für ihre kleinsten Bewegungen interessieren, bey der mindesten Gefahr für ihr Leben zittern, und, wenn er unglücklich genug wäre sie zu verlieren, sie mit heifsen Thränen beweinen, und über ihren Verlust eben so untröstbar seyn würde, als er in andern Umständen über den Tod der geliebtesten Frau und des besten Freundes gewesen wäre?

Ich erinnere mich ehmahls etwas dergleichen von dem bekannten Grafen von Lausün gelesen zu haben; und ich zweifle nicht, dafs Leute, welche in den Anekdoten der Bastille, des Donjon von Vincennes, des Königssteins und anderer Einsiedeleyen dieser Art erfahren zu seyn Gelegenheit haben, ähnliche Beyspiele zu erzählen haben werden.

Man würde vergeblich einwenden, dafs sich von einzelnen Beyspielen nicht auf die menschliche Natur überhaupt schliefsen lasse. Denn alles, was wir seit etlichen tausend Jahren aus gemeiner Erfahrung von unserer Gattung wissen, nöthigt uns, den Trieb der Geselligkeit und das Verlangen nach Gegenständen, denen wir uns mittheilen können, für ein wesentliches Stück der Menschheit zu halten. Die Ausnahmen sind offenbar auf Seiten derjenigen, welche aus Verdrufs, Milzsucht, oder irgend einem andern innerlichen Beruf, sich freywillig der menschlichen Gesellschaft begeben haben.

Und wie wenig es auch dieser kleinen Anzahl von Sonderlingen möglich sey, den geselligen Trieb gänzlich zu ertödten, beweiset die Geschichte der alten **Thebaischen** und andrer **Einsiedler**. Nicht selten fanden sich liebreiche **Einsiedlerinnen**, um die Einsiedler in ihren Bekümmernissen zu trösten. Und wenn alles fehlte, so sehen wir aus den fast täglichen Unterredungen, die viele unter ihnen mit dem **Teufel** pflegten, dafs sie lieber die allerschlechteste Unterhaltung als gar keine haben wollten.

Ist aber der Trieb der Geselligkeit dem Menschen so natürlich: so haben diejenigen, welche sich die **ersten Menschen in eine Familie vereinigt** vorstellen, den Vorwurf nicht verdient, Begriffe aus der **bürgerlichen** Gesellschaft in den Stand der Natur hinein getragen zu haben; so lösen sich alle die Schwierigkeiten von selbst auf, welche Rousseau in dem Übergang aus dem Stande der Natur in den gesellschaftlichen findet; so war es kein **Übergang** in einen **entgegen gesetzten**, sondern ein blofser **Fort-**

gang in dem nehmlichen Stande; ein Fortgang, dessen Geschwindigkeit zwar von tausend verschiedenen Zufällen abhängt, aber dennoch, auch bey den Völkerschaften wo er am langsamsten geht, einem aufmerksamen Beobachter merklich ist.

## 9.

Doch, was würden alle unsre Einwendungen helfen, wenn (wie Rousseau sehr wahrscheinlich findet) „es wirklich eine Art von **Menschen** gäbe, welche, von Alters her in die Wälder zerstreut, keine Gelegenheit ihre Fähigkeiten zu entwickeln gehabt, keinen Grad von Vollkommenheit erworben hätten, und sich, mit Einem Worte, noch dermahlen in dem **ersten Stande der Natur** befänden?"

Wo er wohl diese für ihn so merkwürdigen Menschen aufgetrieben haben kann? — Wo anders als in den Wäldern von **Majomba** in der Afrikanischen Provinz **Loango**, und im Königreiche **Kongo**, welches, nach **Dappers** Bericht, voll von **Waldmenschen** ist, — die allem Ansehen nach die nehmliche Art von Geschöpfen sind, welche in Afrika überhaupt **Pongo's** oder **Quojas-**

Morro's, und in Ostindien Orang-Utang genannt werden.

Diese Geschöpfe sind, wie man uns berichtet, von der gewöhnlichen Gröſse eines Menschen, aber viel dicker, und so stark, „daſs zehen Negern nicht genug wären, um Einen davon lebendig zu fangen." Sie gehen auf zwey Beinen, bedienen sich der Hände wie wir, sind proporzionierlich gestaltet, vorn am Leibe glatt, aber hinten mit schwarzen Haaren bedeckt. Ihre Gesichtsbildung ist von den Negern ihrer nicht gar sehr verschieden, auſser, „daſs ihnen die Augen tief im Kopfe liegen, und daſs ihre Miene etwas wildes und gräſsliches hat." Ihre Weibchen haben eine volle Brust, wiewohl nicht völlig so gewölbt, — und vermuthlich auch nicht völlig so weiſs, als die schönen Ober-Walliserinnen, deren unschuldige Dienstfertigkeit dem Filosofen St. Preux so beschwerlich war. [12])

Diese Thiere sind sehr böse, wenn man ihnen zu nahe kommt, und so launisch, daſs sie nicht einmahl leiden können, wenn man ihnen ins Gesicht sieht. Indessen sind sie doch groſse Liebhaber von den Weibern und Töch-

---

[12]) *Nouv. Heloise, Tom. I. p. 71.*

tern der Negern, — (ein Umstand, aus welchem Rousseau hätte folgern können, daſs sie eine natürliche Empfindung für die Schönheit haben; denn gegen ihre eigenen Weibchen muſs doch wohl jede Negerin eine Venus seyn) — und die besagten Schwarzen erzählen fürchterliche Dinge über diesen Artikel von ihnen. Man sieht sie truppenweise in den Wäldern ziehen, und dann sind die reisenden Schwarzen des Lebens nicht vor ihnen sicher; ob sie gleich keine andre Waffen führen als ihre Fäuste, oder einen Prügel. — Sie fressen kein Fleisch, sondern nähren sich (wie alle andre Affen) bloſs von Früchten und wilden Nüssen. Sie pflegen sich um die Feuer, welche die Negern, wenn sie durch die Wälder reisen, die Nacht über anzünden und unterhalten, zu versammeln, und gehen nicht eher vom Platze bis das Feuer erloschen ist; „ohne den Verstand zu haben, (sagt Battel) Holz oder Reiser herbey zu tragen, um es zu unterhalten." [13]

Barbot, welcher in seiner Beschreibung von Guinea dieser Geschöpfe nicht vergiſst, thut von einer ähnlichen Art Meldung, die in Sierra Leona den Nahmen Barry's

---

[13] Allgemeine Beschreibung der Reisen u. s. w. im III. Theile S. 264, 280, 320, u. folg.

führen. Die Barry's lernen, wenn sie jung gefangen werden, auf zwey Beinen gehen, und werden gebräucht, Korn zu stampfen, Wasser zu tragen, und den Bratspiefs zu wenden. Die Negern lassen sich nicht ausreden, dafs diese Baviane so gut reden könnten als sie selbst, wenn sie nur wollten; aber sie wollen nicht, sagen sie, aus Furcht, man möchte sie mit noch mehr Arbeit beladen.

Ich sehe nicht, warum Rousseau, der so eifrig ist, die Grenzen der Menschheit bis auf die ungeselligen Pongo's auszudehnen, diese ehrlichen Barry's vorbey geht, welche doch in Ansehung ihrer Gelehrigkeit und zahmen Sinnesart einen merklichen Vorzug vor jenen zu haben scheinen. — Oder ist es etwa gerade diese störrische Ungeselligkeit der Pongo's — wodurch sie so gut in seine Hypothese passen — was ihn zu dieser parteylichen Vorliebe verleitet hat?

Was hindert uns übrigens, aus ähnlichen Gründen auch die grofsen Affen an der Sanaga, von denen Le Maire in seiner Reise nach den Kanarischen Inseln spricht, den Rousseauischen Menschen beyzugesellen? Sie thun sich truppenweise zusammen wenn sie auf die Nahrung ausgehen, und unterdessen dafs die übrigen Beute machen, steht einer auf einem hohen Baume Schildwache. Ihre Weibchen tragen ihre Jungen auf die nehmliche Weise auf dem Rücken, wie die Negernweiber die ihrigen, und bezeigen eine Zärtlichkeit für sie, die ihnen Ehre macht. Sie heilen ihre Verwundeten mit gewissen Kräutern, welche sie erst kauen und dann auf die Wunde legen.

Wer weifs wie viel andre Züge von Witz, Empfindung, Geselligkeit, und Vervollkommlichkeit an diesen Geschöpfen noch zu entdecken wären, wenn sie — von Leuten, welche alles sehen was sie sehen wollen — von Filosofen beobachtet würden!

Doch Rousseau scheint sich zu begnügen, einen neuen Zweig des menschlichen Stammes in dem Orang-Utang oder Pongo entdeckt zu haben.

Indessen können wir nicht bergen, dafs die Gründe, um deren willen er uns diese Ehre erweiset, vieles (wo nicht das Ganze) von ihrer Stärke verlieren, so bald man das Interesse nicht dabey hat, das den Erfinder einer neuen Hypothese begierig macht, Erscheinungen zu Bestätigung derselben aufzutreiben.

„Die Nachrichten, (spricht er) welche Battel, Purchaſs und Dapper von ihnen geben, beweisen, daſs diese Herren keine guten Beobachter waren; sie machen falsche Schlüsse; man merkt, daſs ihnen gar nicht in den Sinn gekommen ist, daſs diese edeln Geschöpfe etwas besseres als Affen seyn könnten."

Alles wahr; aber was gewinnen die Pongo's dabey?

„Unsre Reisebeschreiber (fährt Rousseau sinnreich fort) haben sich in den Kopf gesetzt, diese Geschöpfe, welche von den Alten unter dem Nahmen der Satyrn und Faunen für Götter gehalten wurden, zu Thieren herab zu würdigen; nach besserer Untersuchung wird man vielleicht finden, daſs sie Menschen sind: — denn gemeiniglich liegt die Wahrheit zwischen beiden Enden in der Mitte."

Es gäbe ein gutes Mittel, meint er, wodurch auch die dümmsten Beobachter sich bis zur völligen Gewiſsheit überzeugen könnten, ob der Orang-Utang und seine Brüder zur menschlichen Gattung gehörten oder nicht.

Was für ein Mittel mag das seyn? — Seine Sittsamkeit hat ihm nicht erlaubt sich hierüber deutlich zu erklären; — eine Bedenklichkeit, die an einem Cyniker, der von natürlichen Dingen handelt, ein wenig übertrieben scheinen möchte; — indessen giebt er doch hinlänglich zu verstehen, daſs man eine kleine **Kolonie** aus jungen **Pongo's** und jungen **Negermädchen** anlegen müſste, um zu sehen was daraus würde.

Der Gedanke ist der einfachste von der Welt, und wir bedauern nur, daſs er (wie Rousseau selbst bemerkt) nicht ausführbar ist; — wo nicht eben um des abermahligen Skrupels willen, der unserm Filosofen hier aufstöſst, doch gewiſs des höchst beschwerlichen Umstands wegen, weil diese Pongo's, seine Schutzverwandten, die brutalste Art von Liebhabern sind, die man sich einbilden kann. Nach den Erzählungen der Negern hätte sich der Fall, den Rousseau andeutet, schon oft zutragen sollen. Aber unglücklicher Weise ist noch keine einzige **Negerin**, die in ihre Hände fiel, mit dem Leben davon gekommen. — Und so dürfte freylich der Vorschlag einer Kolonie nicht ins Werk zu setzen seyn.

Inzwischen, und bis man durch **genauere Beobachtungen** im Stande seyn werde, den Bavianen in Loango, Kongo, Borneo und Java Gerechtigkeit widerfahren zu lassen, glaubt Rousseau wenigstens eben so viel Grund zu haben, sich über diesen Artikel an den Kapuziner Merolla — „einen gelehrten Religiosen, welcher in dieser Sache ein Augenzeuge, und bey aller seiner Natureinfalt dennoch ein Mann von feinem Verstande gewesen sey" — zu halten, als an den Kaufmann Battel, an Dapper, Purchaſs, und andre Zusammenstoppler.

Und was sagt den Pater Merolla, auf dessen Zeugniſs nun die ganze Sache beruhet?

Merolla sagt: die Schwarzen fingen zuweilen auf ihren Jagden wilde Männer und Weiber.

Das ist alles was ihn Rousseau sagen läſst, und das ist wenig. Er hätte hinzu setzen können: Merolla erzähle, er habe von einem gewissen Leonard gehört, ein gewisser Kapuziner habe ihm einen jungen Pongo verehrt, mit welchem er, Leonard, dem Portugiesischen Statthalter zu Loanda ein Geschenk gemacht habe; — und das ist auch nicht viel mehr als nichts. Alles, was wir zur Sache dienliches daraus nehmen können, ist: „daſs die Einwohner zu Borneo und die Negern eine gewisse Art von Affen wilde

Männer nennen;" — und diefs sagen zehen andre Reisebeschreiber (Batteln, Dappern und Purchassen mit eingerechnet) auch.

Ich würde mich bey dieser Kleinigkeit nicht aufhalten, wenn ich ein stärkeres Beyspiel wüfste, „was für Wunder die Liebe zu einer Hypothese thun kann."

Rousseau glaubt den P. Merolla zu einem Zeugen für die Existenz seines wilden Menschen gebrauchen zu können. Auf einmahl geht in seiner Einbildungskraft eine Verwandlung vor, welche alle Ovidischen weit hinter sich zurück läfst, und beynahe noch wunderbarer ist, als die Erhebung eines Affen in den Menschenstand. Merolla, der abergläubigste und einfältigste Mann, der vielleicht jemahls einen spitzigen Kapuz getragen hat, wird auf einmahl ein gelehrter Mann, und — *fidem vostram, Quirites!* — ein *homme d'esprit*. — Ein sehr entscheidendes Beyspiel wird diejenigen, welche sich überwinden können die nachstehende Erzählung zu lesen, benachrichtigen, was für eine Art von *homme d'esprit* der ehrliche Merolla war.

Ein gewisser so genannter Graf von Songo, ein eifriger Anhänger der Missionarien in dem Afrikanischen Königreiche Kongo, hatte nach dem Absterben des Königs Don Alvarez einen von den Thronprätendenten, Nahmens Simantamba, unter betrüglichem Versprechen, ihm seine Schwester zur Ehe zu geben und ihm zur Krone zu verhelfen, in einem Hinterhalt mit dem gröfsten Theile seines Gefolges ermorden lassen. Des Ermordeten Bruder fiel, die That zu rächen, in des Grafen Länder ein. Dieser brachte gleichfalls ein grofses Heer auf, (sagt Merolla, der damahls in Kongo war) und ging gerade auf seines Gegners Hauptstadt los. Er fand sie leer; alle Einwohner waren davon gelaufen. Seinen Soldaten blieb also kein andres Mittel übrig den Feinden Abbruch zu thun, als alles aufzuessen, was sie zurück gelassen hatten. Unter andern bemächtigten sie sich auch eines ungewöhnlich grofsen Hahns, der einen starken eisernen Ring um den einen Fufs hatte. Dieser Ring kam einem von den Klügsten (sagt der ehrwürdige Pater) verdächtig vor. Er versicherte seine Kameraden, der Hahn sey bezaubert, und warnte sie, ja nichts mit ihm zu thun zu haben. Allein diese rohen Leute versicherten ihn, dafs sie den Hahn essen würden, und wenn er den Teufel zehnmahl im Leibe hätte. Der Hahn wurde also erwürgt, zerstückt, und in einem grofsen Topfe so lange gekocht, bis er fast sehr zersotten war. Hierauf schütteten sie ihn in eine Schüssel, sprachen ihr Tischgebet, (denn es waren so gute Christen als es die neu bekehrten Negern gewöhnlich zu seyn pflegen) und setzten sich heifshungrig um den Tisch herum. Aber da sie nun in die Schüssel greifen wollten, siehe! da fingen die gesottenen Stücke des Hahns an, eines nach dem andern, aus der Schüssel heraus zu steigen, und sich wieder so gut zusammen zu fügen, als ob sie nie getrennt gewesen wären. Kurz, der Hahn stand in wenig Augenblicken wieder frisch und gesund auf seinen Füfsen, ging etlichemahl im Zimmer herum, bekam neue Federn, flog auf den nächsten Baum, schlug dreymahl mit den Flügeln, machte ein entsetzliches Getöse, — und verschwand. — Ob mit Hinterlassung des gewöhnlichen Wahrzeichens, hat der ehrwürdige Kapuziner vergessen zu berichten. — „Jedermann (setzt er, nachdem er diese Geschichte mit aller möglichen Einfalt und Ernsthaftigkeit erzählt hat, hinzu) kann sich leicht einbilden, was für ein Schrecken die Anwesenden bey diesem Anblick überfallen mufste, welche unter tausend Ave Maria vom Platze liefen, und den meisten Umständen dieser schrecklichen Begebenheit nur von ferne zusahen. Sie schrieben ihre Erhaltung lediglich dem Gebete zu, das sie vor Tische gesprochen hatten, sonst wären sie gewiſs alle umgekommen, oder vom Teufel besessen worden." So viel der P. Merolla. — Das nenn' ich einen Augenzeugen! einen Gelehrten! einen *homme d'esprit!*

## 10.

Man könnte sich wundern, warum Rousseau — welchem aus einer kleinen Parteylichkeit für die **Orang-Utangs** die schwächsten Zeugnisse und Vermuthungen, die seiner guten Meinung von ihnen günstig sind, wichtig genug scheinen, — einen Umstand von der gröfsten Wichtigkeit vorbey gegangen, den er in dem nehmlichen Buche, woraus er seine Nachrichten zog, hätte finden können, und der einen Zeugen von ganz andrer Glaubwürdigkeit als einen Merolla zum Gewährsmann hat. Dieser Zeuge ist Franz Moore, Faktor der königlichen Afrikanischen Gesellschaft in England; ein Mann von schätzbarem Karakter, dessen Nachrichten überdiefs die neuesten sind, welche wir von den Ländern haben, wo der so genannte wilde Mann angetroffen wird.

Er erzählt, als er den sechsten April 1735 unweit der Faktorey zu Joar spazieren gegangen, hätte er von einem Thiere, dessen Rumpf vermuthlich von einem Löwen aufgezehrt worden, einen Fufs gefunden, der dem Fufs eines Bavians ziemlich gleich gesehen, und mit Haaren eines Zolles lang bedeckt, hingegen so dick als eines Mannes seiner gewesen sey. Er hätte einige Negern darüber befragt, und von ihnen vernommen: „Es wäre der Fufs von einem Thiere, welches sie in ihrer Sprache den wilden Mann nennten; es gäbe deren viele in diesem Lande (nehmlich um den Flufs Gambia) sie würden aber selten gefunden; sie wären so schlank als ein Mensch, gingen eben so wie wir auf zwey Beinen, und bedienten sich einer Art von Sprache."

Dieses letzte wäre, wofern es damit seine Richtigkeit hätte, ein Umstand, der uns über unsre Verwandtschaft mit diesen Geschöpfen wenig Zweifel übrig liefse. Zum Unglück kann uns Moore nichts davon sagen, als was er von einigen Negern gehört; und was diese ihm davon sagten, (vermuthlich alles was sie ihm sagen konnten) ist zu unbestimmt, als dafs man darauf bauen könnte. Wir haben schon aus dem Barbot angeführt, dafs die Schwarzen in Sierra Leona von den Barry's das nehmliche glaubten; und es wird, wenn man alle Nachrichten zusammen stellt, sehr wahrscheinlich, dafs diese Barry's zu eben derselben Gattung gehören, welche Moore wilde Männer, die Einwohner von Loango Pongo's, und die zu Borneo Orang-Utang nennen. Die Sprache, welche die Negern diesen Affen zuschreiben, scheint sich mehr auf Schlüsse als auf Beobachtung zu gründen; und so gern wir besagten Negern glauben wollen, wenn sie von dem reden was sie sehen oder hören, (in so fern es nur einiger Mafsen glaublich ist) so billig ist das Mifstrauen, das wir in ihre Schlüsse setzen.

Was es übrigens auch für eine Bewandtnifs mit allen diesen verworrenen und zu Festsetzung eines sichern Begriffs ganz unzulänglichen Zeugnissen haben mag, so scheint doch so viel gewifs zu seyn, dafs wir nicht nöthig haben, auf genauere Beobachtungen zu warten, um mit genugsamer moralischer Gewifsheit behaupten zu können: „dafs diese menschenähnlichen Affen keine wilde Menschen sind." Wären sie es, warum sollten sie sich nicht schon längst zu einigem Grade von Humanität und Sittlichkeit entwickelt haben? — oder warum sollte ein junger Orang-Utang, dergleichen schon einige gefangen worden sind, unter policierten Menschen nicht eben die Fortschritte machen, die ein junger Karaib oder Hottentotte macht, wenn er auf Europäische Art erzogen wird?

Doch genug, und vielleicht schon zu viel, von Hypothesen, welche man an jedem minder ernsthaften Manne als Rousseau ist für Ironie halten müfste!

11.

Die Thorheit des Filosofen *Jean-Jaques,* so wenig Ehre sie der Menschheit macht, ist doch am Ende weiter nichts als **lächerlich**; aber diejenige, welche uns Swift in Gullivers Reisen aufdringen will, ist **hassenswürdig**.

Die Freunde dieses aufserordentlichen Mannes — vor dessen Genius sich der meinige so tief bückt, dafs ich es kaum wage ihn zu tadeln, so sehr ers auch in diesem Stücke verdient, — möchten seine Yahoos gern dadurch rechtfertigen, dafs sie uns bereden wollen, sie für eine **satirische Erfindung** zu halten, wodurch er blofs die Häfslichkeit des Lasters, und die wichtige moralische Wahrheit, dafs der Mensch dadurch unter das Vieh herab gesetzt werde, in das helleste Licht habe setzen wollen.

Aber niemand, der den dritten Theil der Reisen Gullivers mit einiger Aufmerksamkeit gelesen hat, wird sich eine Sache überreden lassen, welcher der Augenschein auf allen Blättern widerspricht.

Swift, dessen eingewurzelter Menschenhafs aufserdem durch so viele eigene Geständnisse in seinen vertrauten Briefen nur allzu wohl bestätiget ist, scheint nichts angelegeners gehabt zu haben, als seinen Lesern auch nicht die Möglichkeit eines Zweifels übrig zu lassen, ob die besagte Erfindung aus einem andern Geiste geflossen seyn könnte, als dem Hafs der menschlichen Natur — einer so unnatürlichen Leidenschaft an einem Menschen, dafs Swift vermuthlich, so wie er der Erste ist, der Einzige bleiben wird, der diesen abscheulichen Triumf über die Natur zu erhalten fähig war. Denn mit dieser, nicht mit der zufälligen Verderbnifs derselben, hat er es zu thun. Seine Yahoos sind von Natur die übelartigsten, boshaftesten und unfläthigsten von allen Thieren; und diese Yahoos sind ihm gerade das, was Rousseau natürliche oder wilde Menschen heifst. Unser ganzer Vorzug vor ihnen besteht, nach ihm, blofs darin, dafs wir uns durch Kunst und mit der Länge der Zeit einiger Funken von Vernunft bemächtiget haben, die uns aber zu nichts dienen, als unsre natürlichen Untugenden zu vergröfsern, und sie mit noch einigen neuen zu vermehren, welche die Natur uns nicht gegeben hat. 14)

Rousseau ist also, in Vergleichung mit Swift, noch sehr gnädig mit uns zu Werke gegangen. Der Rousseauische Mensch ist von Natur ein harmloses gutartiges Thier, wenigstens so gutartig als irgend ein anderes von der grasfressenden Art; die Gesellschaft ist allein die Quelle seiner Verderbnisse. Der Swiftische Yahoo hingegen ist das abscheulichste unter allen Ungeheuern, von Natur und durch Kunst; die letztere vergröfsert seine angeborne Häfslichkeit, indem sie dieselbe schminken will. Rousseau formiert seinen Wilden, indem er so lange von einem Menschen herunter schnitzelt, bis nichts übrig bleibt als das Thier: Swift seinen Yahoo, indem er dem Menschen alles Schöne abstreift, alles Gute bis auf die zartesten Fasern aus seinem Herzen heraus reifst, und aus allen möglichen Lastern und Häfslichkeiten, welche er von den verdorbensten unsrer Gattung (von Ungeheuern, die zu allen Zeiten und unter allen Völkern seltne Erscheinungen gewesen sind) abgezogen hat, ein Ungeheuer

---

14) *Voyage to the Houyhnhnms, Ch. VII.*

zusammen setzt, dessen Daseyn, wenn es erwiesen werden könnte, ein unüberwindlicher Einwurf gegen das Daseyn Gottes wäre. Rousseau will uns überreden zu den Thieren in den Wald zu gehen, weil er sich in den Kopf gesetzt hat, daſs er uns dadurch glücklich machen würde: Swift macht uns zu Scheusalen, deren sich die Natur schämt, die der Abscheu der ganzen Schöpfung sind, die sich selbst eines in dem andern verabscheuen; und wenn er eine menschenfreundliche Absicht dabey gehabt hat, nun, wahrhaftig! so hat er ein Mittel dazu gewählt, wobey es unmöglich war, seinen Zweck — nicht zu verfehlen!

Doch, es kann keine Frage seyn, was seine Absicht war. Seine Galle, seinen von vielen Jahren her gesammelten Haſs gegen seine Landsleute, und besonders gegen die Hofpartey unter Georg dem Ersten, auszulassen, und sich auf einmahl für tausend wirkliche und eingebildete Beleidigungen zu rächen, das war seine Absicht; aber nur ein so hartes Herz, wie das seinige, war fähig, diese Rache an der menschlichen Natur zu nehmen.

Unglücklicher Weise für ihn selbst hat er dieser unwürdigen Leidenschaft nicht Genüge thun können, ohne seinem eigenen Nachruhm mit dem nehmlichen Streiche, den er auf seine ganze Gattung führt, eine tödtliche Wunde beyzubringen. Er mußte ungerecht gegen seine Mitmenschen, und ein Lästerer gegen die Natur werden, um ein Geschöpf, an welchem, bey allen seinen Schwachheiten, Thorheiten und Mängeln, ein **Sterne** so viel liebenswürdiges sieht, zu einem so gräßlichen **Mittelding** von **Affe** und **Teufel** umzuschaffen. Er mußte erst alle Proporzionen der menschlichen Form zerstören, alle ihre Züge und Lineamente verzerren, alle die feinen Schattierungen verwischen, durch welche die Natur unsre Vollkommenheiten und unsre Mängel, wie ein geschickter Kolorist abstechende Farben, in einander verblendet, und durch tausend fast unmerkliche Mischungen im Ganzen die reitzendste Harmonie zuwege bringt; mit Einem Wort, er mußte das schönste Werk der Natur, um einen **Yahoo** daraus zu machen, verstümmeln, zerkratzen, übersudeln; — und wie hätte er seinen Genie, seinen Witz, seine Kenntnisse, welche vielleicht noch kein Schriftsteller in solchem Grade beysammen gehabt hat, anders anwenden können, wenn seine Absicht gewesen wäre, sich selbst mitten unter dem menschlichen Geschlecht eine unzerstörbare Schandsäule aufzurichten?

Wenn die Gutherzigkeit des berühmten Genfer Bürgers der mindesten Zweydeutigkeit unterworfen wäre; so könnte man sich kaum verwehren zu denken, er habe eine Swiftische Absicht dabey gehabt, da er seinen **primitiven Menschen** in den **Pongo's** von Majomba und Kongo gefunden zu haben glaubt. Denn in der That, wenn etwas in der Natur ist, das dem Menschenhasser Gulliver eine Idee zu seinen Yahoos geben konnte, so müſsten es die Baviane seyn, von deren Brutalität die Reisebeschreiber aus dem Munde der Negern Beyspiele erzählen, welche sie dieses Nahmens würdig machen. — Aber der ganze Zusammenhang der Rousseauischen Theorie beweiset, daſs er keinen solchen Gedanken hatte.

---

## 12.

Sich in eine Zergliederung der Swiftischen Huyhnhnms und Yahoos einzulassen, um dadurch zu beweisen, wie sehr er sich durch beide an der menschlichen Natur versündiget habe, würde eine wahre Beleidigung der letztern seyn.

Es bedarf keines mühsamen Beweises gegen Rousseau, dafs die Wilden in Neuholland nur Embryonen von Menschen sind, und dafs ein Embryo von der Natur nicht dazu bestimmt ist, ewig Embryo zu bleiben: aber es bedarf noch weniger eines Beweises, dafs Homer seine Helden, Plutarch seine grofsen Männer, Xenofon seinen Sokrates, seinen Cyrus und seine Panthea, — und die Fidias, Alkamenes und Apelles der Griechen, ihren Apollo, ihre Venus, ihre Grazien, von keinen Yahoos abkopiert haben.

Indessen schien uns doch das Unrecht, welches zwey so berühmte **Misanthropen** — der eine wissentlich und mit der muthwilligsten Absicht zu beleidigen, der andre aus Laune und in der Einfalt seines Herzens — dem gesammten Menschengeschlecht angethan haben, diese Rüge um so mehr zu verdienen, da das Beyspiel solcher Männer, theils durch Ansteckung, theils durch die natürliche Wirkung ihres Ansehens, die ohnehin nur zu grofse Anzahl der Schriftsteller zu vermehren droht, die sich ohne Bedenken an der menschlichen Natur versündigen, indem sie den Menschen bald übermäfsig erhöhen, bald unter sich selbst erniedrigen.

Wenn wir die Natur nicht beschuldigen wollen, dafs ihr gerade dasjenige von allen ihren Werken, worauf sie selbst den gröfsten Werth gelegt zu haben scheint, mifslungen sey: so haben wir gewifs keine Ursache, uns verdriefsen zu lassen, dafs wir weder **Pongo's**, noch **Platonische Ideen**, weder **Arkadische Schäfer**, noch **stoische Weisen**, weder **Feen-Helden**, noch **Engel**, noch **Huyhnhnms**, sondern — **Menschen** sind. Aber desto gröfsere Ursache haben wir, gegen alle und jede auf unsrer Hut zu seyn, die uns zu etwas schlechterm als

Menschen, ja sogar (aus guten Gründen) gegen diejenigen, die uns, aus Hinterlist oder mifsverstandener guter Meinung, zu etwas **besserem** machen wollen.

Die **Natur**, die immer Recht hat, hat gewifs auch recht daran gethan, dafs sie uns gerade so machte wie wir sind; und wahrlich! es ist nicht **ihre** Schuld, wenn gewisse Leute, aus einem ihnen selbst unbewufsten Fehler ihrer Augen, tausend Schönheiten an der **menschlichen Natur übersehielen**, oder (was ihnen nur gar zu oft begegnet) wirkliche Schönheiten für **Fehler** ansehen.

Uns däucht, man sollte die menschliche Natur mit sehr gesunden und sehr scharfen Augen lange beobachtet, und sehr fleifsig, nicht in **Systemen** oder **verfälschten Urkunden**, sondern **in der Natur selbst** studiert haben, ehe man sich anmafsen darf, ihre Auswüchse und üppigen Schöfslinge abschneiden, und zuverlässig bestimmen zu wollen, worin ihre reine Form und Schönheit bestehe.

**Verstümmelungen** sind keine Verbesserungen, **Gothische Zierathen** keine Verschönerungen, — und eine **moralische Drapperie**, unter welcher die eigenthümliche Gestalt und die wahren Proporzionen der menschlichen Natur unsichtbar werden, verstöfst eben so gröblich gegen die allgemeinen Gesetze des Schönen, als die Vertügaden, Wülste und Halskragen des sechzehnten Jahrhunderts, die der Gestalt einer Diana das Ansehen eines Ungeheuers gaben, ohne dafs sie der Tugend (deren Bollwerke sie vielleicht seyn sollten) zu sonderlichem Schutze dienen konnten.

Die Fehler der menschlichen Natur sind grofsen Theils mit ihren Schönheiten zu sehr verwebt, als dafs man jene heben könnte, ohne etwas an diesen zu verderben. Sie hat auch liebenswürdige Schwachheiten, die man ihr lassen mufs, weil sie dazu dienen können, gewissen Tugenden eine Grazie zu geben, ohne welche die Tugend selbst sich vielleicht Hochachtung erzwingen, aber nicht gefallen kann.

Alle Verderbnisse der Menschheit scheinen mir aus zwey Hauptwurzeln zu entspringen, der Unterdrückung, und der Ausgelassenheit; — wovon jene Muthlosigkeit, Feigheit, Trübsinn, Aberglauben, Heucheley, Niederträchtigkeit, Hinterlist, Ränksucht, Neid und Grausamkeit, — diese alle Arten von Üppigkeit und Unmäfsigkeit, Muthwillen, fanatische Schwärmerey, Herrschsucht und Gewaltthätigkeit hervorbringt.

Die Verderbnisse von der zweyten Klasse würden von selbst wegfallen, wenn denen von der ersten durch das einzige mögliche Mittel, durch eine weise Staatseinrichtung und Gesetzgebung, vorgebauet würde. Aber ungereimt ist es, einigen dauerhaften Nutzen von den Maſsnehmungen zu erwarten, welche man gegen diesen oder jenen einzelnen Zweig der sittlichen Verderbniſs besonders nimmt, so lange man das Übel nicht in der Wurzel angreift, oder angreifen darf; das ist, so lange die menschliche Natur unter den Fesseln seufzt, in welche die Tyranney des Aberglaubens und willkührlich ausgeübter Staatsgewalt in gewissen Jahrhunderten und in gewissen Strichen des Erdbodens sie geschmiedet hat.

Bis dahin scheint alles, was die Filosofie — es sey nun auf einem Thron oder auf einem Lehrstuhl, aus dem Kabinet eines Ministers oder eines Schriftstellers, — zum Besten des menschlichen Geschlechtes, oder eines jeden Volkes, welches noch (mehr oder weniger) die Ketten des Aberglaubens und der willkührlichen Gewalt trägt, zuwege bringen kann, entweder in Linderungsmitteln, (welche das Übel meistens nur so lange verbergen, bis es mit verdoppelter Stärke und gröfserer Gefahr ausbricht) oder in Zubereitungen zu bestehen, wodurch die Sachen einer gründlichen Verbesserung näher gebracht werden.

Diese gründliche Verbesserung scheint bey einem jeden Volke, das in der Ausbildung schon so weit vorgeschritten ist, um ihrer zu bedürfen und fähig zu seyn, demjenigen aufbehalten zu seyn, der zu gleicher Zeit Weisheit und Macht genug haben wird, eine Gesetzgebung und Staatsverfassung zu bewerkstelligen, in welcher die Triebfedern der menschlichen Natur auch die Triebfedern des Staats sind; durch welche die möglichste Freyheit mit der wenigsten Ungelegenheit erzielt, und keine Gewalt geduldet wird, die ein anderes Interesse hat als das Beste des gemeinen Wesens; wo die verschiedenen Stände und Klassen zu ihrer Bestimmung durch die zweckmäfsigsten Institute gebildet werden, und die Gesetze nicht als Gesetze sondern als Gewohnheiten ihre Wirkung thun; wo die Religion den grofsen Zweck der allgemeinen Glückseligkeit immer befördert, niemahls hemmt, und ihre Diener geehrt und wohl gepflegt werden, aber (gleich den Männchen im Bienenstaate) keinen **Stachel** haben; wo mehr Bedacht darauf genommen wird, die Tugend zu **ehren** als zu **bezahlen**, und dem Laster so gut vorgebauet ist, daſs die Gerechtigkeit nur selten **strafen** muſs; wo allgemeiner Fleiſs allgemeine Fülle hervorbringt; wo der Genuſs der Gaben der Natur und der Kunst, der Bequemlichkeiten und Freuden des Lebens, den Sitten unnachtheilig, und nicht bloſs der Antheil einer kleinen Anzahl privilegierter Glücklichen ist; mit Einem Worte, wo dieser letzte Wunsch eines jeden Menschenfreundes, **öffentliche Glückseligkeit**, nicht nur auf Gedächtniſsmünzen und Ehrenpforten, sondern in den **Gesichtern** aller Bürger geschrieben steht: — — eine Gesetzgebung und Staatsverfassung, deren **Möglichkeit** nur solche läugnen können, welche entweder **unfähig** oder **ungeneigt** sind, zu ihrer Bewerkstelligung mitzuwirken.

*Talia saecla, suis dixerunt, currite, fusis,*
*Concordes stabili fatorum numine Parcae.*

Aber, dieses **Befehls der Parzen an ihre Spindeln** ungeachtet, schmeichle man sich nicht, diese goldnen Zeiten durch einen plötzlichen Fall vom Himmel, oder, wie man in den Schulen spricht, durch einen **Sprung** ankommen zu sehen. Wahr ists, der Anfang der Zubereitungen dazu ist seit dem funfzehnten Jahrhunderte in Europa gemacht, und in den verflossenen drey hundert Jahren mancher Schritt auf diesem Wege gethan worden: aber wir werden die Füfse im Fortschreiten etwas weiter aus einander setzen müssen, wenn wir vor dem nächsten Platonischen Jahre beym Ziele zu seyn wünschen. Jede Pause wirft uns um etliche Schritte zurück; — was niemand unbegreiflich finden wird, der jemahls in einem schwer bepackten und schlecht bespannten Wagen einen steilen Berg hinauf gefahren ist.

Alles müfste mich betrügen, oder diese Sätze, welche, meiner Meinung nach, unter die kleine Anzahl der Wahrheiten gehören, an denen dem ganzen menschlichen Geschlechte gelegen ist, und welche (wie ich nicht zu läugnen begehre) entweder der Kern oder der Zweck, oder der Schlüssel von — oder zu allen meinen Werken, Rhapsodien, Geschichten und Mährchen in Prose und Versen sind — dürften wohl noch nicht so allgemein erkannt und angenommen seyn, dafs es überflüssig wäre, wenn sich alle, an welchen der fromme Wunsch der Juvenalischen Amme —

*Sapere et fari quod sentias,*

erfüllt worden ist, mit uns vereinigten, nicht müde zu werden, sie in Prose und Versen, in Scherz und Ernst, in beweisender oder überredender Form, so lange vorzutragen, zu entwickeln und einzuschärfen — bis sie endlich über lang oder kurz ihre wohlthätige Wirkung thun werden.

# ÜBER DIE
# VON J. J. ROUSSEAU
# VORGESCHLAGENEN VERSUCHE
## DEN WAHREN STAND DER NATUR
## DES MENSCHEN ZU ENTDECKEN

NEBST EINEM
TRAUMGESPRÄCH MIT PROMETHEUS. 1770.

### 1.

Ich habe mir seit vielen Jahren (ohne Ruhm zu melden) einige Mühe gegeben, diese sonderbare Art von Menschenkindern, die man (seit der Aufwartung, welche **Pythagoras** bey einem kleinen Fürsten der Fliasier gemacht hat, den wir ohne diesen Umstand schwerlich zu kennen die Ehre hätten) **Filosofen**, zu Deutsch **Weisheitsliebhaber** nennt, mit einem etwas mehr als gewöhnlichen Fleiße zu studieren; und ich schmeichle mir, sie (den **Schotten Johannes Duns** und die übrigen seines Gelichters etwa ausgenommen) so ziemlich ausfündig gemacht zu haben.

Es würde Undankbarkeit seyn, wenn ich mir die Miene geben wollte, als ob ich die Gabe, mit den Augen zu sehen, nicht (nächst der guten Mutter Natur) den besagten Weisheitsliebhabern oder weisen Meistern größten

Theils zu danken hätte. — Aber alle Dankbarkeit und Ehrerbietung, die ich ihnen schuldig seyn mag, kann mich nicht verhindern zu gestehen, daſs die meisten unter ihnen zu Zeiten — sehr wunderliche Launen haben.

Das Wort, dessen ich mich bediene, ist in der That, in Rücksicht auf die Sache die ich damit bezeichnen will, sehr gelinde.

Wenn, zum Beyspiel, diese gänzliche Vertiefung in das betrachtende Leben, welche den weisen Demokritus von Abdera, unterdessen daſs er in einsamen Orten, ja wohl gar unter den Ruinen eingefallener Gräber, ganze Tage und Nächte durch dem Studieren oblag, seine häuslichen Angelegenheiten gänzlich vernachlässigen machte — wenn, sage ich, diese Vertiefung in die erhabensten oder subtilsten Spekulazionen das wunderlichste wäre, was man diesen Herren nachsagen könnte, so möchte es noch hingehen!

Aber wenn Diogenes in einer Tonne wohnt; Krates mit der schönen und tugendhaften Hipparchia auf öffentlichem Markte Beylager hält; Parmenides die Bewegung läugnet; Anaxagoras behauptet, daſs der Schnee schwarz, Zeno, daſs der Schmerz kein Übel sey; Plato in seiner Republik auf Gemeinschaft der Weiber anträgt; Pyrrho das Zeug-

nifs der Empfindung für betrüglich ausgiebt;
Plotinus versichert, dafs er den Vater der
Götter und der Menschen mit leiblichen Augen
gesehen habe; Julian zu gleicher Zeit den
Kaiser, den Cyniker und den Zauberer spielt;
die Scholastiker mit grofser Ernsthaftigkeit untersuchen, *num Deus potuerit suppositare cucurbitam;* Kardanus uns bereden will,
dafs er bey hellem Tage Gespenster sehe; Kartesius der heiligen Jungfrau eine Wallfahrt
nach Loretto gelobt, wenn sie ihm zu einem
neuen System verhelfen wollte, u. s. w. —
so begreife ich in der That nicht, was man zum
Behuf aller dieser Weisheitsliebhaber bessers
sagen könnte, als — dafs ein Filosof seine
Launen, Grillen, Abweichungen, und Verfinsterungen habe, so gut als ein andrer, und
dafs, aufrichtig von der Sache zu reden, der
eigentliche specifische Unterschied zwischen
einem filosofischen Narren und einem gemeinen Narren lediglich darin bestehe, dafs jener
seine Narrheit in ein System räsoniert, dieser
hingegen ein Narr geradezu ist; ein Unterschied, wobey sich noch auf Seiten des Filosofen unter andern dieser Vorzug darstellt, dafs
er, ordentlicher Weise, ein ungleich mehr belustigender Narr ist als ein gemeiner Narr.

## 2.

Die Grille, gegen das allgemeine Gefühl und den einstimmigen Glauben des menschlichen Geschlechts zu behaupten, dafs der Schnee schwarz sey, hat in unsern Tagen (unsers Wissens) keinen stärker angefochten, als den berühmten Verfasser des Emils und der neuen Heloise, des *Devin de village* und des Briefs gegen das Theater, des gesellschaftlichen Vertrags und der beiden Abhandlungen, dafs die Wissenschaften und Künste der Gesellschaft, und dafs die Geselligkeit dem menschlichen Geschlecht verderblich seyen, u. s. w. — Doch, was sag' ich von unsern Tagen? Niemahls hat ein Sterblicher die Neigung allen andern Geschöpfen seiner Gattung ins Angesicht zu widersprechen weiter getrieben, als dieser mit allen seinen Wunderlichkeiten dennoch hochachtungswürdige Sonderling.

Ich glaube nicht, daſs ich ihm Unrecht thue, wenn ich unter den letztern den Einfall oben an stelle, den er in der Vorrede zur Abhandlung über den Ursprung der Ungleichheit u. s. w. hatte, der Welt zu sagen: „Daſs eine gute Auflösung des Problems:

Was für Erfahrungen wären erforderlich, um zu einer zuverlässigen Kenntniſs des natürlichen Menschen zu gelangen? Und wie könnten diese Erfahrungen im Schooſse der Gesellschaft angestellt werden? —

der Aristotelesse und Pliniusse unsrer Zeit nicht nur nicht unwürdig wäre; sondern daſs in der That diese Erfahrungen zu dirigieren, die gröſsten Filosofen nicht zu groſs, und die Unkosten dazu herzugeben, die mächtigsten Könige nicht zu reich seyn würden;" — eine doppelte Bedingung, die unserm Weisen selbst so wenig unter die Dinge, auf die man Rechnung machen darf, zu gehören scheint, daſs er alle Hoffnung aufgiebt, eine dem menschlichen Geschlechte so erspriefsliche Aufgabe jemahls aufgelöst und realisiert zu sehen.

Ich weiſs nicht, was Rousseau für Ursache hat, dem guten Willen, oder dem Vermögen aller der Kaiser, Könige, Sultane, Schachs, Nabobs, Kans, Emirs, u. s. w. welche den Erdboden beherrschen, so wenig zuzutrauen; — denn die Aristotelesse und Pliniusse unsrer Zeit kann sein Mißtrauen unmöglich zum Gegenstande haben. Ich meines Orts habe mir, des gemeinen Besten und meiner eigenen Gemächlichkeit wegen, zum Gesetze gemacht, von unsern **Obern** zu denken, wie der ehrliche **Plutarch** will daß man von den **Göttern** denken soll. „Man kann unmöglich eine zu **gute Meinung** von ihnen haben, sagt er; und man würde sich weniger an ihnen versündigen, wenn man vorgäbe, sie seyen gar nicht, als wenn man zweifelte, daß es ihnen an Weisheit oder Güte fehlen könnte." Ich glaube, sage und behaupte also, im Nothfall mit Faust und Ferse, ohne einen Häller dafür zu verlangen: daß — „vorausgesetzt, das **Rousseauische Problem**, und die dazu gehörigen Erfahrungen, seyen so beschaffen, daß dem menschlichen Geschlechte wirklich daran gelegen sey, daß sie gemacht werden," — und vorausgesetzt, „daß sonst alles, was zur Auflösung des Problems erfordert wird, vorhanden sey," — es an dem Könige, Sultan, Nabob oder Emir nicht fehlen solle, der sich das größte Vergnügen von der Welt daraus machen wird, seine Mätresse, seine

Pferde und Hunde, seine Oper, und vier oder fünf Dutzend andre entbehrliche Personen und Sachen an seinem Hofe abzuschaffen, um die Unkosten zu einer so schönen Unternehmung ohne Belästigung seines Volkes vorschiefsen zu können.

## 3.

Aber wie wenn alle Wissenschaft der gelehrtesten Akademisten in Europa, und alle Macht der Könige in Asien zusammen genommen, nicht vermögend wäre, zu Stande zu bringen, was bey näherer Untersuchung — **unmöglich** scheint?

Ohne Zweifel ist die **Erfahrung** das kürzeste und sicherste Mittel, hinter das Geheimnifs unsrer Natur zu kommen. **Versuche** sind der gerade Weg; das heifst **die Natur selbst fragen**; und dieses Orakel pflegt gemeiniglich eine deutlichere Antwort zu geben als alle andre, wenn wir nur die Kunst verstehen, es **recht** zu fragen.

„Und welches sind denn die Mittel, diese Erfahrungen im Schoofse der Gesellschaft anzustellen?" fragt Rousseau. —

Das mögen die Götter wissen! — Denn wenn diese Mittel so gewählt werden müssen, dafs wir **gewifs** seyn können, der Natur die Antwort, welche sie uns geben soll, nicht selbst untergeschoben zu haben, so — müssen wir die menschliche Natur schon sehr genau kennen; und eben weil wir sie gern kennen möchten, sollen diese Versuche angestellt werden.

Mir däucht, es ist nur **Ein Weg** aus diesem Zirkel zu kommen; und er ist in der That so leicht zu finden, dafs man (mit **Tristram** zu reden) nur seiner Nase folgen darf; — nehmlich:

„Weil es unmöglich ist, Versuche anzustellen, von denen man sich **gar keinen Begriff** machen kann; so müssen wir **solche** in Vorschlag bringen, deren **Möglichkeit** sich wenigstens **träumen** läfst."

Ferne sey von uns die Vermessenheit, ein Problem auflösen zu wollen, an welches sich sein Erfinder selbst nicht gewagt hat! Er, der ein so grofser Meister ist, auf die verwickeltsten Fragen eine scharfsinnige Antwort zu finden. Alles, wozu wir gut genug zu seyn glauben, ist, dafs wir — bis die neuesten Stagyriten und Pliniusse, denen dieses Abenteuer aufbehalten bleibt, ihre Auflösung gegeben haben werden — uns bemühen, einen Theil der Schwierigkeiten anzuzeigen, die irgend ein abgeneigter Dämon diesen nehmlichen Erfahrungen entgegen zu stellen scheint, von welchen, nach Rousseaus Meinung, die Entdeckung der wahren ursprünglichen Beschaffenheit der menschlichen Natur abhängt.

## 4.

Diese Erfahrungen oder Versuche, wovon die Rede ist, müssen mit **kleinen Kindern** angestellt werden, daran ist kein Zweifel; und diese Kinder können nicht **jung genug** ausgehoben werden, wofern sie zu unserm Zwecke taugen sollen. Unstreitig wäre das allerbeste, wenn wir sie schon als blofse *Homunculos* bekommen könnten; — wenigstens könnten wir dann am gewissesten seyn, dafs ihre Leiber und Seelen noch keine merkliche Veränderung durch die Eindrücke von Erziehung, Unterricht, Polizey, Religion und Sitten aus dem gesellschaftlichen Stande erlitten haben könnten.

Aber ich besorge, dafs dieses schlechterdings nicht möglich zu machen seyn werde.

Inzwischen fragt sich, **woher** diese Kinder kommen sollen? und es ist leicht zu sehen, dafs diese Frage nicht ohne Schwierigkeit ist.

In der bürgerlichen Gesellschaft werden wohl keine andre als aus der unglücklichen Zahl der Kinder der *Venus Volgivaga* zu diesen Versuchen gebraucht werden können. Denn die Filosofen haben entweder selbst keine andre, — oder, wenn sie andre haben, würde schwerlich ein einziger unter ihnen Filosof genug seyn sie zu einem solchen Versuch herzugeben, wie gemeinnützig auch die Absicht desselben immer seyn möchte.

Nun ist zwar, was die **Findlinge** betrifft, die günstige Meinung des **Vanini** von diesen armen Geschöpfen, wie ärgerlich sie auch dem Doktor **Warburton** ist, [1]) noch immer die gemeinste: aber daran ist sehr zu zweifeln, ob in allen Findelhäusern des gröfsten und policiertesten Reiches von Europa auf einmahl eine so grofse Anzahl von gesunden und dauerhaften **Säuglingen**, als wir vonnöthen haben, aufzutreiben seyn würde; — und diefs, nebst verschiedenen andern Umständen, wohl erwogen, glaube ich nicht dafs man werde vermeiden können **eine eigene Fabrik** zu unserm Zweck anzulegen.

---

1) S. *Jul. Caes. Vanini de Natura regina deaque Mortalium*, und Warburtons Anmerkung zum Monolog des Edmund im **König Lear**, *Shaksp. Vol. VI. p.* 16.

In diesem Falle wollte ich ohne Maſsgabe die Karaiben oder die Eskimo's in Amerika, oder auch die Kalifornier vorgeschlagen haben, welche, wenn wir den nicht gar zu wohl zusammen hangenden Berichten des Pater Venegas glauben, unter allen *Anthropomorphis* dem Rousseauischen Mann-Thier ²) am nächsten kommen. Jedoch sehe ich auch nicht, was dagegen eingewendet werden könnte, wenn unsere Pliniusse oder Maupertuis lieber die Patagonen, mit welchen uns der Kommodor Byron bekannter gemacht hat, dazu gebrauchen möchten; — wenn sie auch gleich nicht völlig so sehr Riesen wären, als Blaubart oder der schreckliche Popanz *Petit Poucet*, — wie man uns Anfangs glauben machen wollte.

2) Ein Wort, das wir dem alten Froschmäuseler zu danken haben.

## 5.

Gesetzt nun, unsre Fabrik von Karaiben, Kaliforniern oder Patagonen — wie ihr wollt — wäre im Gange, (wiewohl so etwas im Projekt freylich schneller geht als in der Ausführung) und gesetzt, die erforderliche Anzahl von Kindern wäre fertig, — alle so gut, sauber und auf die Dauer gearbeitet, als es der Gebrauch, den wir von ihnen machen wollen, erfordert; so fragt sich nun: Wo finden wir einen bequemen Ort, unsre Versuche mit ihnen anzustellen?

Nach meinem Plane — den ich, aus schuldiger Hochachtung für den **Genius unsrer Zeit**, so **ökonomisch** gemacht habe als es nur immer möglich ist, — wird dazu wenigstens ein Umfang von hundert und zwanzig Deutschen Meilen im Durchschnitt erfordert. Denn wir haben nichts gethan, wenn wir nicht **verschiedene Versuche zugleich** anstellen; und ein jeder verlangt einen ziemlichen Raum; weil alles davon abhängt, dafs die verschiedenen Haufen, in welche wir die Kinder vertheilen, wenigstens dreyfsig Meilen ringsum von einander abgesondert werden. Fänden sie einander, einer so beträchtlichen Entfernung ungeachtet, dennoch, und wüchsen in Eine Gesellschaft zusammen; so dürfte dieses sodann, ohne Bedenken, für **eine öffentliche Erklärung der Natur** angesehen werden können:

„Dafs sie, alles Einwendens von Seiten Rousseaus ungeachtet, zum **geselligen Leben erschaffen seyen.**"

Aber wo, ich bitte alle Geografen und Seefahrer beider Halbkugeln, wo finden wir ein Land von vier hundert Meilen im Umfange, welches unter einem sehr milden Himmel liege, und entweder noch gänzlich unbewohnt, oder von so gutherzigen Leuten bewohnt sey, dafs sie willig und bereit wären, einer **fysikomoralischen Aufgabe** zu Gefallen auszuziehen, und uns ihr Land zu Versuchen zu überlassen, wobey sie, allem Ansehen nach, sehr wenig zu gewinnen haben werden?

## 6.

Doch, bey einem Projekt muſs man auch dem Zufall etwas zutrauen. Diese Schwierigkeit soll gehoben seyn: es werden sich bald wieder andere zeigen, die bey der Ausführung die Geduld eines Jobs ermüden könnten.

Die Kinder, welche zu unsern Versuchen gebraucht werden sollen, dürfen — weil sie in allen Betrachtungen bloſse Kinder der Natur seyn müssen — keine Eindrücke aus der Gesellschaft mitbringen, sollte es auch nur eine Kalifornische seyn. Sie müssen also so früh hinweg genommen werden, daſs sie noch Ammen vonnöthen haben. Und dieſs ist ein sehr beschwerlicher Umstand!

Ich will nichts von den allgemeinen Eigenschaften einer guten Amme sagen, welche —

nach allem dem was die Filosofen und Ärzte dazu erfordern — seltner als ein weißer Rabe ist. Man hat uns seit einigen Jahren alles, was sich über die körperlichen und moralischen Tugenden einer Amme filosofieren läßt, so oft und auf so vielerley Art zu lesen gegeben, daß ich meine Leser und mich selbst nicht schnell genug auf ein andres Kapitel bringen kann.

Ich sage nur so viel: Wenn diese Damen unsern Kindern Liedchen vorleiern, mit ihnen schwatzen, sie ihre eigene schöne Sprache lehren, und ihnen Mährchen meiner Mutter Gans erzählen dürfen; — so haben wir alle diese unsägliche Mühe und Ausgaben, welche schon auf unsre Anstalten verwendet worden sind, umsonst gehabt!

„Gut, sagt man; es müssen filosofische Ammen seyn —"

Ein filosofischer Fiedelbogen! — würde der alte Herr Walther Shandy ausrufen. Wissen die Herren auch was man eine unmögliche Bedingung nennt? Ihr werdet eben so leicht ganz Europa nach Rousseaus Grundsätzen umschaffen, als hundert Rousseauische Ammen bilden. — Stumm müssen sie seyn, oder alles ist verloren!

Doch, was ist für einen König der ein Filosof, oder für einen Filosofen der ein König ist, unmöglich! — Und was für unglaubliche Dinge hat nicht schon oft der launische Dämon, den man Zufall nennt, zu Tage gefördert! Gesetzt, daſs nun auch die Ammen gefunden wären, und daſs unsere Kinder —

Aber, da sticht schon wieder eine neue Schwierigkeit hervor!

## 7.

Die Ammen essen, trinken, gehen auf zwey Beinen, und thun zwanzig andre Dinge, welche man im Stande der Natur zwar auch, aber vielleicht auf eine andre Manier thut. Ihr Beyspiel würde unsre Kinder verführen; sie würden von den Ammen lernen, was sie allein von der Natur lernen sollen. — Rathet was zu thun ist!

Wie gefiele euch folgender Vorschlag? — ich weiſs keinen bessern! — Wir haben die Ammen — stumm gemacht; wie wär' es, wenn wir nun die Kinder — blind machten?

Man versteht schon, wie dieſs gemeint ist: nicht so stockblind, wie uns gewisse Leute, die ich nicht nennen will, gern auf unser ganzes Leben machten, — vermuthlich um uns die Mühe zu ersparen, zu sehen wie sie mit uns wirthschaften würden; denn ein

Blinder, in so fern er eine schöne Frau, eine gute Tafel, und guten Wein im Keller hat, ist der brauchbarste Mann von der Welt; — sondern nur blind, so lange wirs vonnöthen haben.

Ohne geschicktern Mechanikern als ich bin (d. i. den allerungeschicktesten unter allen mit eingeschlossen) vorgreifen zu wollen, könnte diefs am füglichsten durch eine Art von **Binden** geschehen, welche eben nicht völlig so fest anschliefsen müfsten als das **magische Diadem**, womit die **schöne Seilerin** dem **Amor** die Augen verbindet, die ihm die Göttin **Narrheit** ausgeschlagen hatte; 3) aber doch fest genug, dafs die Kinder unvermögend wären sie wegzuschieben, oder auf irgend eine Weise eher abzunehmen, bis es Zeit wäre sie wieder davon zu befreyen.

So viele Schwierigkeiten fangen an verdriefslich zu werden; und dennoch ist wenigstens noch **Eine** übrig, welche wir vielleicht nicht anders als — nach König **Alexanders** Weise werden auflösen können.

3) *Oeuvres de Louise Charly, dite Labé ou la belle Cordelière, p.* 13.

## 8.

So weit man auch die Zeit der Entwöhnung unsrer jungen Kolonisten hinaus setzen mag, so muſs sie endlich kommen, und die Kinder müssen ihre Nahrung selbst suchen lernen.

Es darauf ankommen zu lassen, ob sie sich ohne Anweisung würden helfen können, möchte desto gefährlicher seyn, da Rousseau selbst kein Bedenken trägt, dem Menschen den Instinkt abzusprechen, womit die Natur auch das verworfenste Insekt in diesem Stücke versorgt hat; — und ihnen Anweisung zu geben, würde ein Eingriff in das Geschäft der Natur seyn, der mit unsern Absichten nicht wohl bestehen könnte. Doch, in zweifelhaften Fällen wählt man das sicherste.

Rousseau läſst seinen natürlichen Menschen seine Speise unter einer Eiche suchen. Vermuthlich muſs dieser Filosof, bey aller seiner Neigung zum Cynismus, in seinem Leben keine Eicheln gegessen haben. Er würde sonst wenigstens eine kleine Anmerkung dazu gemacht haben, welche ihm Strabo und Plinius an die Hand geben konnten. 4) Die ältesten Griechen und einige Völker, die uns der erste nennt, nährten sich auch von Eicheln. Aber es waren, wie uns eben dieser weise Schriftsteller versichert, eine sehr gute wohl schmeckende Art von Eicheln; mit Einem Worte, eben diejenige, welche noch auf diesen Tag unter dem Nahmen Kastanien in ganz Europa — von den *arbitris lautitiarum* selbst — gegessen werden.

Unsre Kinder werden also wenigstens diese Eicheln (wenn es ja Eicheln seyn müssen) finden und essen lernen; und erst alsdann, wenn wir uns dieses Punkts versichert haben, wollen wirs wagen Abschied von ihnen zu nehmen, um sie, für die nächsten zwanzig Jahre, der Mutter Natur und sich selbst zu überlassen.

4) S. *Strabon. L. III. p.* 233. *ed. Amstelod.* 1707. und *Plin. L. XVI. c.* 6.

## 9.

Und so hätten also diese grofsen Filosofen, welche, nach Rousseaus Meinung, die Oberaufsicht über diese Experimente haben sollten, am Ende sehr wenig dabey aufzusehen?

Es scheint nicht anders; es wäre denn, (wenn es thunlich seyn sollte) dafs man diese Kinder, um das Spiel der Natur mit ihnen zu belauschen, in eine Art von Reaumürschem Bienenkorb einsperrte; welcher aber so eingerichtet seyn müfste, dafs die Filosofen alles sehr genau beobachten könnten, ohne selbst wahrgenommen zu werden.

Wir getrauen uns zu behaupten, dafs sich (wofern die besagten Naturforscher sich nicht etwa in Sylfen verwandeln, und aus Silbergewölken auf die Gegenstände ihrer Beobachtung herabsehen wollen) kein andres Mittel erdenken lasse, wie die Entwicklungen der Natur bey unsern Zöglingen von Tag zu Tage bemerkt werden könnten.

Es ist wahr, man kann nicht sagen, wie weit die Künste noch getrieben werden können. Man bringt in den vornehmsten Glasfabriken in Europa Dinge zu Stande, welche man vor hundert Jahren für unmöglich gehalten hätte. Bey allem dem kann es erlaubt seyn zu zweifeln, ob es jemahls möglich seyn werde, gläserne Glocken oder Bienenkörbe von so ungeheurer Größe zu machen, als wir sie zu unserm Experimente brauchen. Denn sie müßten ohne alle Vergleichung größer seyn als die große Aquavitflasche der Feen; und wir gestehen, daß es uns schlechterdings ungereimt scheint, ohne den Beystand aller Feen und Zauberer, welche jemahls in den Mährchen gezaubert haben, sich von einem solchen Stück Arbeit nur träumen zu lassen.

Welchemnach also, wie gesagt, für unsre Filosofen weiter nichts übrig bliebe, als — nach Hause zu gehen, und (falls sie wider Vermuthen nichts anders zu thun haben sollten) sich hinzusetzen, und *a priori* ausfündig zu machen, in was für einem Zustande sie die junge Kolonie nach zwanzig Jahren vermuthlich antreffen würden; — ein unendliches Feld, wie ihr seht, zu Spekulazionen, Hypothesen, Theorien, und Disputen, deren Vergleichung mit der *Facti Species*, welche man nach Verfluſs der zwanzig Jahre erheben würde, für Liebhaber etwas sehr belustigendes seyn müſste, und, wie wir nicht zweifeln, eine uralte, aber wenig geachtete Wahrheit von neuem bestätigen würde; nehmlich —

„Daſs es eine eitle Bemühung des Geistes sey, durch alle die **Dädalischen Irrgänge** der Imaginazion, willkührlicher Begriffe und seichter Vermuthungen, etwas zu **suchen**, welches uns die **Natur** — **unmittelbar vor die Nase** hingelegt hat."

## 10.

Ob nun gleich bey diesen Versuchen das meiste der Natur gänzlich überlassen werden müfste: so könnten doch unsre Filosofen vor ihrer Abreise eine **Abtheilung** der oft besagten Kinder vornehmen, um verschiedene Versuche zu gleicher Zeit anzustellen, durch welche der abgezielte Endzweck, den **natürlichen Menschen**, oder, welches auf das nehmliche hinaus zu laufen scheint, die **menschliche Natur** kennen zu lernen, desto vollständiger erhalten werden dürfte.

Unmafsgeblich könnten wir das ganze Stück Landes — welches, wie gesagt, ungefähr vier hundert Meilen im Umkreis halten müfste, — in **vier grofse Bezirke** abtheilen.

In den **ersten** könnte man, in gehörigen Entfernungen, vier oder sechs einzelne Kinder von einerley Geschlecht verschliefsen;

In den andern etliche Paare von beiderley Geschlecht, aber jedes Paar so weit als möglich von den übrigen entfernt;

In den dritten eine gröfsere, aber gleiche Anzahl Kinder von beiderley Geschlecht, zerstreut, doch nahe genug, dafs sie einander ohne grofse Reisen finden könnten;

In den vierten endlich, welchen man wiederum in zwey abgesonderte Kolonien theilen könnte, eine merklich ungleiche Anzahl von beiderley Geschlecht; zum Beyspiel, eine Kolonie aus zwanzig Knaben und sechs oder acht Mädchen, und eine andere aus zwanzig Mädchen und sechs oder acht Knaben; — zwey sehr wichtige Kolonien, weil sie über einige Punkte des Matrimonial-Gesetzes der Natur kein geringes Licht verbreiten würden.

11.

Und nun, wenn wir, mit Überwindung so vieler unübersteiglich scheinender Schwierigkeiten, das ganze Projekt zu Stande gebracht hätten, und, nach Verflufs von zwanzig oder dreyfsig Jahren, die Dalambert und Büffon derselben Zeit gingen, zu sehen wie die Sachen unsrer Experimental-Kolonien ständen, um dem menschlichen Geschlecht über den Befund Bericht zu erstatten — was meinen wir dafs sie **finden** würden?

Ferguson hat, wie es scheint, ein solches Experiment im Gesichte gehabt, da er sagte: „Wir haben alle Ursache, zu glauben, dafs, wenn man eine Kolonie von Kindern aus der Ammenstube verpflanzte, und sie eine ganz eigene Gesellschaft ausmachen liefse, ohne Unterricht und ohne Erziehung, — dafs wir, sage ich, nichts als dieselben Dinge wiederhohlt finden würden, die wir schon in so verschiedenen Theilen des Erdbodens gefunden haben; u. s. w. —"

Ja wohl, haben wir **alle Ursache** das zu glauben; und eben so viele Ursache würden wir haben uns zu verwundern, wenn unsre Leser nicht schon lange gemerkt haben sollten, dafs das grofse Problem, womit uns Rousseau so viel zu schaffen gemacht hat, weder mehr noch weniger ist, als

„zu wissen, was für Erfahrungen man anzustellen hätte, um mit überzeugender Gewifsheit entscheiden zu können, ob der Schnee weifs oder schwarz sey?"

In ganzem Ernst, es wäre sehr unnöthig, dem gröfsten oder kleinsten Monarchen in Europa die geringste Mühe mit Experimenten zu machen, welche uns wahrlich wenig neues lehren würden. Das grofse Experiment wird auf diesem ganzen Erdrunde schon viele tausend Jahre lang gemacht; und die **Natur selbst** hat sich die Mühe genommen, es zu **dirigieren**, so dafs den Aristotelessen und Pliniussen aller Zeiten nichts übrig gelassen ist, als die Augen aufzuthun, und zu sehen wie die Natur von jeher gewirkt hat, und noch wirkt, und ohne Zweifel künftig wirken wird, — und, wenn sie lange und scharf genug geguckt und das Ganze aus dem gehörigen Standpunkt aufmerksam genug übersehen haben, — zu gehen, und ihre Theorien, Kompilazionen, Systeme, Entwürfe, Inbegriffe, und wie die Dinge alle heifsen, zu verbrennen, oder umzugiefsen, oder auszubessern, oder zu ergänzen, so gut sie immer können und wissen, — und weiter nichts!

Nein, lieber Rousseau! So arme Wichte wir immer seyn mögen, so sind wir es doch nicht in einem so ungeheuern Grade, dafs wir nach den Erfahrungen so vieler Jahrhunderte noch vonnöthen haben sollten, neue unerhörte Experimente zu machen, um zu erfahren — was die Natur mit uns vorhabe.

Und wofern sich auch alle Könige und alle Filosofen des Erdbodens vereinigten solche Experimente zu machen: was für Ursache haben wir zu hoffen, dafs wir etwas andres oder besseres daraus lernen würden, als was uns die allgemeine Erfahrung, mit der unwidersprechlichsten Evidenz, aus allen Enden der Erde, von einem Pole zum andern, aus dem ewigen Schnee der Kamtschadalen, und aus dem glühenden Sande von Nigrizien zuruft: —

„Dafs der Mensch zur Geselligkeit gemacht sey;"—

und, ,,dafs die vereinigten Kräfte der Barbarey, des Aberglaubens, und der Unterdrükkung, immer unvermögend geblieben, diesen kostbaren Samen jeder gesellschaftlichen Tugend gänzlich zu vertilgen;

,,dieses sympathetische Gefühl, welches den Menschen mit einer süfsen Gewalt nöthiget, sich selbst in andern Menschen zu lieben, und welches, wie Cicero göttlich spricht, die Grundlage alles Rechts ist."

## 12.

Sollte sich übrigens gleichwohl, wider Vermuthen, zutragen, daſs einmahl ein müſsiger Schach-Baham, müde immer Fliegen zu fangen oder Bilder auszuschneiden und sich Mährchen erzählen zu lassen, auf den weisen Einfall kommen sollte, sich die lange Weile mit dergleichen Experimenten vertreiben zu wollen: so wollen wir diesem edlen Vorhaben durch alles bisher gesagte nicht nur im geringsten nichts präjudiciert haben; sondern versichern Seine Sultanische Hoheit noch zum Überfluſs, daſs es, aller Wahrscheinlichkeit nach, sehr unterhaltend seyn müſste, in einer solchen Menagerie von Menschenkindern sich mit etlichen Dutzend Sultaninnen, Hofaffen, Hofnarren, und andern solchen witzigen Personen zu erlustigen; nichts davon zu gedenken, daſs es bey diesen Experimenten vermuthlich eben so ergehen würde, wie es denen, die an dem Steine der Weisen arbeiten, zu ergehen pflegt; nehmlich, dafs man am Ende immer etwas finden würde; wo nicht das, was man suchte, vielleicht etwas andres, das man nicht suchte, und das uns eben darum desto angenehmer zu seyn pflegt, sollte es gleich von allem, was wir auf den Prozefs verwenden mufsten, kaum die Tiegel bezahlen.

### 13.

Der kleine Scherz, den ich mir die Freyheit genommen habe — nicht mit Rousseau — sondern blofs mit einer von seinen Lieblingsgrillen zu treiben, hat wenigstens für mich den Vortheil gehabt, mir diese Nacht einen sehr angenehmen Traum zu verschaffen.

Wenn meine Leser **Pythagoräer** wären, und **ich** wäre — **Pythagoras**; — oder sie wären Ägyptische Priester und ich ihr Oberpriester: — so würde ich keinen Augenblick Bedenken tragen ihnen meinen Traum zu erzählen; denn diese beiden Gattungen **Seher** waren grofse Liebhaber von **Träumen**.

In unsrer Zeit ist es ein ziemlich allgemein angenommener Satz: dafs es wider die Regeln der feinen Lebensart sey, in guter Gesellschaft seine Träume zu erzählen. —

Das beste wäre also, meinen Traum nicht zu erzählen.

Und gleichwohl glaube ich wahrgenommen zu haben, daſs es mit Träumen — wofern man sich nur einige Unterhaltung davon verspricht, zumahl mit Träumen von der wunderbaren und mystischen Gattung — beynahe dieselbe Bewandtniſs wie mit den Geister- und Gespenstergeschichten hat. Niemand, der sich besser als der Pöbel dünkt, will heut zu Tage dafür angesehen seyn, daſs er solche Geschichten glaube: aber jedermann hört sie gern erzählen; und ein neues Gespenstermährchen ist das unfehlbarste Mittel, in einer groſsen Gesellschaft, in welcher man kurz zuvor kaum sein eignes Wort hören konnte, plötzlich allgemeine Stille und Aufmerksamkeit hervorzubringen.

Lassen Sie uns also aufrichtig gegen einander seyn, meine Damen und Herren! — Mein Traum könnte, denken Sie, gleichwohl des Anhörens werth seyn, sonst würde ich doch wohl so manierlich gewesen seyn, gar nichts davon zu sagen. Gestehen Sie es, ich habe Ihre Neugier rege gemacht — Sie möchten meinen Traum gerne hören, das ist gewiſs; aber — nicht gerner als ich ihn erzählte, das ist eben so gewiſs; — und also ist beiden Theilen geholfen wenn ich anfange.

So aufrichtig sind nicht alle Schriftsteller — und dann werden Sie sehen, daſs es nur an mir lag, aus meinem Traum ein so gutes, ernsthaftes und kunstmäſsig zugeschnittenes S y s t e m zu machen, als irgend eines von allen denen, die binnen heut und einem Jahre gemacht werden mögen. Was für ein Ansehen hätte ich mir damit geben können! Was für eine Menge alte, mittlere und neuere Autoren hätte ich anführen, wie manchen w i d e r l e g e n, wie manchen v e r t h e i d i g e n, wie manchen e r k l ä r e n, und wie manchen e m e n d i e r e n können! Denn warum sollte ich das alles nicht eben so wohl können, als so viele andere, die am Ende doch auch nicht gröſsere Hexenmeister sind als ich? Ich sage dieſs niemand zu Leide; bloſs um die Herren und Damen gestehen zu machen, daſs ich der gutherzigste Autor bin, der vielleicht seit undenklichen Zeiten gesehen worden ist. Andere geben ihre Träume für wirkliche Erscheinungen, oder träumen wohl bey hellem Tageslichte mit offnen Augen, und muthen uns zu, daſs wir der Himmel weiſs welche übermenschliche Weisheit in ihren Träumereyen finden sollen: ich hingegen gebe meinen Traum für — einen Traum, d. i. eine Feige für eine Feige; und das heifst doch, denke ich, Ehrerbietung für seine Leser tragen, und den Leuten zutrauen, dafs sie — Augen haben.

Also meinen Traum, wenn es Ihnen angenehm ist!

## 14.

Ich weiſs nicht wie es zuging, — ein Fall worin sich gewöhnlich alle Träumer befinden, — genug, ich befand mich plötzlich mitten auf einem hohen Gebirge, welches keine andre Einwohner als Löwen und Drachen zu haben schien, und dessen oberster Theil, mit ewigem Schnee bedeckt, seine Stirn in den Wolken verbarg.

„Das fängt zu poetisch an." — Sie haben Recht! ich muſs ein wenig niedriger stimmen.

Ächzende Töne, durch kleine Pausen unterbrochen, gleich dem Ächzen, welches die Heftigkeit des Schmerzens oder die lange Dauer eines miſsbehaglichen Zustandes endlich der Geduld selbst auspreſst, drangen durch die schreckliche Stille in mein Ohr.

Ich folgte dem Tone, wiewohl mir das Herz pochte; und nun sah ich auf einmahl — was Sie schwerlich errathen hätten, aber so bald ichs Ihnen sage sehr natürlich finden werden — den alten Menschenbildner **Prometheus** vor mir, in dem nehmlichen jammervollen Zustande, wie ihn der Tragödiendichter **Äschylus** an einen Felsen des Kaukasus angeschmiedet schildert.

Der lang' entbehrte Anblick eines Menschengesichts schien etwas linderndes für ihn zu haben. Er rief mir näher herbey zu kommen, und wir wurden, wie es in Träumen gebräuchlich ist, in einem Augenblick die besten Freunde.

Er fragte mich, wie es um die Menschen stehe, und wie sie sich das Daseyn zu nutze machten, welches sie seiner **plastischen Kunst** und seiner **Gutherzigkeit** zu danken hätten?

Der Gott der Träume trieb hier eines seiner gewöhnlichen Spiele mit mir. Ich **erinnerte mich nicht etwa bloſs der Fabel vom Ursprung der Menschen**, wie ich sie in den alten Dichtern gelesen hatte; sie wurde in dem nehmlichen Augenblicke zur Wahrheit für mich.

Ich glaubte wirklich den Urheber meiner Gattung vor mir zu sehen; diesen Prometheus, der aus Lehm und Wasser Menschen gemacht, und Mittel gefunden hatte, ihnen, ich weifs nicht wie, dieses wundervolle ich weifs nicht was zu geben, das sie ihre Seele nennen. Kurz, ich fühlte mich gänzlich in die Fabelzeit versetzt, ohne darum weniger nach den Begriffen eines Menschen aus meinem Zeitalter zu sprechen.

Ich befriedigte seine Neugier durch Nachrichten — welche ich (aufrichtig zu reden) Bedenken trage öffentlich bekannt zu machen; und das aus der einfältigsten Ursache von der Welt. Es giebt übel gesinnte Leute, welche sie für eine Satire ausrufen würden, — und — gute, wohl meinende Personen, welche fähig wären, mich, wegen dessen, was ich im Traume gesagt hätte, zur Verantwortung zu ziehen; — wiewohl sie sich aus ihrem Montesquieu belehren könnten, dafs diefs etwas sehr unbilliges ist. Indessen wirft man sich doch nicht gern mit solchen Leuten ab.

Man wird mir also vergeben, daſs ich weiter nichts davon sagen kann, als daſs Prometheus den Kopf schüttelte, und ich weiſs nicht was in seinen Bart hinein murmelte, welches, denke ich, — keine Lobrede auf seinen Vetter Jupiter war, der ihm, wie er sagte, die Freude nicht gegönnet habe, seine Geschöpfe glücklich zu machen.

Ich sagte ihm, unsre Weisen gäben sich viele Mühe der Sache abzuhelfen, und es wäre noch nicht lange, daſs uns einer hätte bereden wollen, es würde nicht besser mit uns werden, bis wir uns entschlössen, in den Stand der Natur zurück zu treten.

Und was nennt dieser weise Meister den Stand der Natur? fragte Prometheus. —

Nackend, oder in eine Bärenhaut eingewickelt, unter einem Baume liegen, (versetzte ich) Eicheln oder Wurzeln fressen, Wasser aus einem Bach oder einer Pfütze dazu trinken, und mit dem ersten besten Weibchen, das einem aufstöſst, zusammen laufen, ohne sich anfechten zu lassen, was aus ihr und ihren Jungen werden könne; den gröſsten Theil seines Lebens verschlafen, nichts denken, nichts wünschen, nichts thun, sich nichts um andre, wenig um sich selbst, und am allerwenigsten um die Zukunft bekümmern: — dieſs nennt der Weise, von dem ich dir sagte, den Stand der Natur. In diesem seligen Stande, spricht er, hätten wir keine Künste, keine Wissenschaften, kein Eigenthum, keinen Unterschied der Stände, keine Gesetze, keine Obrigkeit, keine Priester, keine Filosofen vonnöthen; — und so lange man dieser Dinge vonnöthen hat, ist, seiner Meinung nach, an keine Glückseligkeit zu denken.

Prometheus, — ungeachtet sein Zustand so elend war, daſs nur ein Gott fähig seyn konnte ihn erträglich zu finden — erhob über die Einfälle des anmaſslichen Weisen ein so herzliches Gelächter, daſs ich mich nicht entbrechen konnte ihm Gesellschaft zu leisten.

Ich sehe, sagte er, eure Filosofen sind noch immer — was ihre Vorgänger waren — Grillenfänger, welche Wolken für Göttinnen, Abstrakzionen für Wahrheit umfangen, und nie sehen was vor ihrer Nase liegt, weil sie sich angewöhnt haben, immer wer weiſs wie weit über ihre Nase hinaus zu sehen.

Nicht alle, sagte ich; denn wir haben ihrer manche, welche die ihrigen noch mit einem halben Dutzend Brillen bewaffnen, womit sie zwar im Ganzen nichts, hingegen im Kleinen so scharf sehen, dafs ein gewisser Präsident einer gewissen Akademie sich grofse Hoffnung machte, wenn er nur den Hirnschädel eines Patagonen von zwanzig bis dreyfsig Ellen in seine Gewalt bekommen könnte, die Seele selbst, so klein sie immer seyn möchte, über dem Ausbrüten ihrer Vorstellungen gewahr zu werden.

Eure Filosofen haben seltsame Einfälle, sagte Prometheus.

Zuweilen, erwiederte ich, und nicht alle. Dafür aber haben auch unsere grofsen Herren, seitdem sie Filosofen um sich haben, ihre Hofnarren abgeschafft; und, unparteyisch zu reden, ich denke, sie haben beym Tausche mehr — verloren als gewonnen.

Aber wieder auf deinen Sofisten zu kommen, fuhr er fort; ich merke er hat vom goldenen Alter reden gehört. Vielleicht kam ihm die Idee zu poetisch vor, und da streifte er, nach Gewohnheit dieser Herren, so lange an ihr ab, bis ihm vom Menschen nichts als das blofse Thier übrig blieb; eine Arbeit, die ihn sehr leicht angekommen seyn mag! — Aber ich denke doch, — ich, der die Menschen gemacht hat, sollte am besten wissen, wie ich sie gemacht habe.

Das denk' ich auch, versetzte ich; und du würdest mir keine geringe Wohlthat erweisen, wenn du mir Nachrichten geben wolltest, welche mich in den Stand setzten, gewisse Filosofen zu demüthigen —

Wenn du keinen andern Beweggrund hast, unterbrach mich der Menschenmacher, so kann ich mir die Mühe ersparen. Deine Filosofen scheinen mir die Leute nicht zu seyn, die sich von Prometheus belehren lassen; und je natürlicher das, was du ihnen aus meinem Munde sagtest, wäre, desto rascher würden sie seyn, auszurufen: Ists nichts als diefs? — Jupiter sagte das nehmliche, da ich mit meinen Menschen fertig war. Das alberne Machwerk! rief er: ich wollte in einem Nektarrausche was bessers gemacht haben! — Doch, ich habe seit langer Zeit mit keinem Menschen geschwatzt; und du kannst dir einbilden, ob einem die Weile zuletzt lang wird, wenn man etliche tausend Jahre so allein an den Kaukasus angeschmiedet ist, ohne eine andre Gesellschaft zu sehen, als einen unsterblichen Geier, der einem die Leber aus dem Leibe pickt, und so bald er sie aufgegessen hat, sich empfiehlt, bis wieder eine neue gewachsen ist. Ich bin froh, daſs du dich zu mir verirrt hast, und ich habe gute Lust mich einmahl wieder satt zu schwatzen, weil mir doch der verwünschte Geier eben Zeit dazu läſst.

Ich bezeigte ihm mein Mitleiden, und meine Lernbegierde; und Prometheus fing seine Erzählung also an.

---

### 15.

„Es ist dir vielleicht nicht unbekannt, dafs ich, so gut als Jupiter und seine Brüder, vom Geschlechte der Titanen bin, denen Hesiodus den Himmel zum Vater und die Erde zur Mutter giebt.

„Man hielt mich, ohne Ruhm zu melden, für den klügsten unter ihnen, vermuthlich weil die übrigen, auf ihre körperlichen Vorzüge stolz, es nicht der Mühe werth hielten Verstand zu haben.

„Damahls war die Erde noch ohne Bewohner; und weil ich gerade nichts bessers zu thun hatte, kam ich auf den Einfall, sie mit lebenden Geschöpfen zu bevölkern. Anfangs vertrieb ich mir die Zeit damit, Thiere von allen Gattungen zu machen, unter denen manche grotesk genug aussehen, um die Laune zu verrathen, worin ich sie machte. Unzufrieden mit meiner Arbeit, fiel mir kaum eine Gattung aus der Hand, als mir die Idee einer andern kam, welche besser gerathen sollte.

„Diefs ging so lange fort, bis mir endlich die Lust ankam, eine Gattung zu versuchen, welche eine **Mittelart** zwischen uns **Göttern** und meinen **Thieren** seyn sollte. Meine Absicht war die unschuldigste von der Welt; es war ein blofses Spiel: aber unter der Arbeit fühlte ich eine Art von **Liebe** zu meinem eigenen Werke entstehen; und nun setzte ich mir vor, **glückliche Geschöpfe** aus ihnen zu machen.

„Ich glaubte, sie wegen der Ähnlichkeit, die sie mit den andern Thieren hatten, nicht schadlos genug halten zu können; und organisierte sie defswegen an den beiden Theilen, die an den Thieren gerade das schlechteste sind, so vollkommen, als es **die Materie**, worin ich arbeitete, nur immer möglich seyn liefs.

„Ich spannte die unendlich subtilen Saiten, woraus ich sie zusammen webte, so künstlich auf, dafs eine Art von musikalischem Instrumente daraus wurde, welches die schönste Harmonie von sich gab, so bald die Natur darauf zu spielen anfing. Diese Instrumente stimmte ich so gut zusammen, dafs, so wie eines davon einen gewissen Ton von sich gab, die nehmliche Saite bey dem andern mit einem gleich tönenden Laut antwortete. Meine Menschen waren die gutherzigsten Geschöpfe, die man sehen konnte. Lachte eins, so lachte das andere; weinte oder trauerte eins, so trauerte das andere auch; lief eins voran, so liefen die andern hinter drein: kurz, ich trieb diese Zusammenstimmung so weit, dafs sogar keines gähnen konnte, ohne alle übrigen mitgähnen zu machen. 5)

„Die Idee der Harmonie hatte etwas so ergetzendes für mich, dafs ich mitten unter meiner Arbeit immer auf neue Triebfedern dachte, sie bey meinen Geschöpfen so vollkommen zu machen als möglich.

„Ich liebte damahls eine von den Töchtern des Oceanus; die schönste Nymfe, die man

---

5) Aristoteles trieb sie noch weiter. Er behauptet, kein Mensch könne den andern p*ss*n sehen, ohne augenblicklich einen Reitz zu fühlen dasselbe zu thun; und er erklärt sehr scharfsinnig wie diefs zugehe, *Problemat. Sect. VII. quaest. 6.*

mit Augen sehen konnte. Dieser Umstand kam meinen Geschöpfen sehr zu gute.

„Um sie in diesem Stücke so glücklich zu machen als ich es selbst war, gab ich dem weiblichen Geschlecht zur Schönheit einen gewissen Reitz, dem auch derjenige unterliegen muſs, dem die Schönheit nichts anhaben kann; und meine Männer bildete ich so, daſs der männlichste, tapferste, edelmüthigste, gerade der war, der sich ihren Reitzungen am leichtesten gefangen gab.

„Ich milderte durch das sanfte Wesen und die rührende Grazie des Weibes eine gewisse Wildheit, welche den Männern unentbehrlich war, damit sie im Nothfall die Beschützer der Gegenstände ihrer süſsesten Regungen seyn könnten.

„Die Gewalt ihrer Reitze zu verdoppeln, gab ich dem Weibe die Scham, die holdseligste der Grazien, das anziehende Weigern, das sanfte Sträuben, welches den Werth jeder Gunst erhöht; die süſsen Thränen, deren wollüstiges Ergieſsen das von Empfindung gepreſste Herz leichter macht. Ich tauchte gleichsam ihr ganzes Wesen in Liebe, und machte, daſs sie ihre höchste Glückseligkeit darein setzte, geliebt zu werden und Liebe einzuflößen.

„Ich glaubte hierin nicht zu viel thun zu können, da meine Absicht war, den Mann dadurch von einer herum schweifenden Liebe abzuhalten, und — wenigstens so viel es meine andern Absichten erforderten — seine Zuneigung an eine einzige Schöne zu heften. Ich machte zu diesem Ende, daß er, so bald ein Mädchen sein Herz eingenommen hatte, den Gedanken nicht ertragen konnte, ihren Besitz mit einem andern zu theilen. Nicht als ob ich mir eingebildet hätte, Geschöpfe aus Lehm und Wasser durch ein paar ätherische Funken, wodurch ich diesen schlechten Stoff veredelt hatte, einer ewigen Liebe fähig gemacht zu haben: aber zu meinen Absichten war es auch genug, wenn die erste Liebe zwischen meinem Paare nur so lange dauerte, bis das Mädchen Mutter wurde.

„Dieser Umstand müßte nothwendig (dacht' ich) ein neues Band der Zuneigung, eine neue Quelle zärtlicher Gefühle und einer Art von Liebe werden, welche, bey noch unausgearteten Menschen, zwar nicht so heftig und schwärmend, aber dauerhafter ist, als jene, die den Genuß zum

Zweck hat, und im Schoofse der Sättigung ihr Grab findet. Konnte der Vater die Mutter seines Kindes, oder die Mutter den Mann, der ihr diesen süfsen und ehrenvollen Nahmen verschafft hatte, ohne zärtliche Empfindung ansehen?"

Ich hatte mir bisher immer Gewalt angethan, den ehrlichen Titan nicht zu unterbrechen; aber länger konnt' ichs nicht, — und ich sehe, meine Herren, dafs es Ihnen auch so geht. Das Gewäsche des alten schwärmenden Graubarts kommt Ihnen halb kindisch vor — nicht wahr? In der That, ich fange selbst an zu muthmafsen, dafs er sich auf seinen Vorzug vor den übrigen Titanen ein wenig zu viel zu gute gethan haben könnte. — Doch, wir müssen den Prometheus meines Traums nicht dafür verantwortlich machen, dafs seine Menschen nicht die Menschen zu Paris, London, Neapel, Wien, Petersburg, Konstantinopel u. s. w. sind; das ist auch wahr! — Die Menschen, von denen Prometheus spricht, sind längst nicht mehr — oder, wofern es noch hier und da einen verborgenen Samen von dieser wunderlichen Gattung von Geschöpfen giebt: so machen sie doch keine Zahl; und — *non apparentium et non existentium est eadem ratio*, (was nicht in die Sinne fällt, kommt eben so wenig in Anschlag als ob es gar nicht wäre) sagt der alte juristische Weidspruch. Wir werden ihn also, weil er einmahl angefangen hat, schon weiter reden lassen müssen.

„Der Zug der Natur zu diesen kleinen wimmernden Geschöpfen, die ihr Daseyn von ihrer Liebe empfangen hatten, unterhielt diese Liebe, und empfing hinwieder von ihr neue Stärke. Denn das, wofür ich in der ersten Anlage der Menschheit am meisten gesorgt hatte, waren eben diese kleinen Geschöpfe, von deren glücklicher Entfaltung die Dauer der menschlichen Gattung abhing, welche nun mein Lieblings-Gegenstand war.

„Ich machte sie zu **Kindern der Liebe**; das hiefs selbst für die **Keime der Menschheit** Sorge tragen. Konnten sie anders als **wohl** gerathen, da die Liebe selbst ihre **erste unsichtbare** Pflegung auf sich nahm?

„Aber daran begnügt' ich mich nicht. Ich strengte alle meine Erfindung, alle meine Bildnerkunst an, aus dem Instinkt der Mutter für ihr Kind die **stärkste aller Empfindungen** zu machen. Die Schmerzen selbst womit sie es gebar, mufsten dazu helfen;

es mufste ihr desto theurer werden, je mehr es ihr gekostet hatte. Ich setzte die Brust der Mutter nicht blofs der Schönheit wegen dahin wo sie ist, oder damit der Säugling, auf ihrem Arme liegend, seine Nahrung desto bequemer finden möchte; sondern weil ich wollte, dafs die Nähe des Herzens, welches ich zum Triebrade der zärtlichern Gefühle des Menschen gemacht hatte, dem mütterlichen Gefühl, in den Augenblicken, wenn sie ihr Kind stillt, desto mehr Wärme und Innigkeit geben sollte.

„Die immer zunehmende Schönheit des Kindes ; die sanfte stufenweise Entfaltung der Menschheit, deren angeborner Adel, selbst in diesem thierischen Alter, fast allen seinen Regungen einen gewissen Schein von Sittlichkeit giebt; das süfse Lächeln, womit es die mühvolle Fürsorge der Mutter belohnt: — alles vereiniget sich, die mütterliche Zuneigung zu einem so mächtigen Triebe zu machen, als es nöthig war, um in der Leistung aller der beschwerlichen Dienste, deren das kindliche Alter bedarf, sogar Vergnügen zu finden.

„Doch, ich vergesse, — so angenehm ist mir die Erinnerung an eine Arbeit, die aus einem blofsen Spiele mein angelegenstes

Geschäft wurde, — daſs ich dich vielleicht nicht so gut unterhalte als mich selbst."

Ich war (wie man sich vorstellen kann) so höflich, den Enkel des Himmels und der Erde zu versichern, daſs ich mir keine bessere Unterhaltung wünschte.

---

16.

„Ich weifs nicht, fuhr er fort, wie es deine Brüder, die Menschen, angefangen haben, dafs sie (wie du sagst) nicht **glücklich** sind. Meine Absicht wenigstens war, dafs sie es seyn sollten; und ich glaubte es ihnen so **leicht** gemacht zu haben, glücklich zu seyn, und so schwer, sich unglücklich zu machen, dafs ich, bey meinem Vetter **Anubis!** nichts davon begreife, wenn ich meine Mühe an ihnen verloren habe. — Aber die verwünschte **Büchse der Pandora!** Ohne sie würden meine armen Menschen noch so glücklich seyn als in ihrem **ursprünglichen Stande**."

Sie waren also einmahl sehr glücklich? fragte ich.

„Ob sie es waren? rief **Prometheus** mit einem Tone, der mir zu erkennen gab daſs ihn meine Frage beleidigt habe. — Wie hätten sie es nicht seyn sollen? Ich setzte ihr ganzes Wesen aus Triebfedern des **Vergnügens** zusammen; und damit es unmöglich seyn möchte, daſs der **Schmerz** jemahls den Zugang zu ihnen fände, machte ich ihn zum Gefährten der Unmäſsigkeit, der Miſsgunst, der Bosheit, und aller andrer **Laster**, welche dem Menschen ihrer Natur nach so verderblich sind, und so wenig verführerisches haben, daſs ich mir nicht einfallen lassen konnte —

„Aber die verdammte Büchse der Pandora! Das fatale Geschenk hat alles verdorben! — Tausend in die Farbe des Vergnügens gekleidete Bedürfnisse, in deren Unwissenheit ein groſser Theil des Glücks meiner Menschen bestand, jedes von einem Schwarm unruhiger Begierden umflattert, stürzten heraus, als der unbesonnene **Epimetheus** sie in einer unseligen Stunde öffnete; und geschehen wars um meine armen Geschöpfe! — Die guten sorglosen Kinder! Ich hatte sie einfältig, unschuldig, freundlich gemacht; es floſs so reines Blut in ihren Adern, daſs sie nicht wuſsten was **böse Laune** war. Ich gab ihnen gerade so viel **Verstand** als sie nöthig hatten, um glücklicher zu seyn als sie es durch die Sinne allein gewesen wären. Meine Grofsmutter, die Erde, war so gefällig, ihren Busen mit allem auszuschmükken, womit sie meinen Geschöpfen Vergnügen zu machen glaubte. Sie wohnten unter Myrten und Rosen; sie schliefen auf Blumen; Stauden und Bäume eiferten in die Wette, ihnen eine zahllose Mannigfaltigkeit von gesunden wohlschmeckenden Früchten in den Schoofs zu schütten. Das Schaf theilte seine Wolle mit ihnen, die Ziege ihre Milch, die Biene ihren Honig. Kunstlose Hütten, mit Palmblättern gedeckt, von Weinreben umschlungen, schützten sie vor den Beleidigungen der Witterung. — Fruchtbare Haine, oder Gärten voll efsbarer Gewächse und Blumen um ihre Hütte zu pflanzen, frische Quellen durch sie hinzuleiten, ihre Herden zu weiden, Körbe zu flechten, die Wolle ihrer Lämmer zuzubereiten und zu Kleidern und Decken zu verarbeiten, — das waren, mit dem süfsen Geschäft ihre Kinder zu erziehen, die leichten Arbeiten, in welche sich die beiden Geschlechter theilten.

„Ich hatte ihnen die nöthigen Werkzeuge zu einer Sprache gegeben, wodurch sie die engen Grenzen der Augensprache, welche eigentlich die Sprache der Seelen ist, erweitern, und dasjenige, was an der Sprache der Geberden zweydeutig und unverständlich bleibt, ersetzen sollten. Ich hätte sie den Gebrauch dieser Sprachwerkzeuge lehren können; aber ich wollte das Vergnügen haben, zu sehen wie sie es ohne fremde Hülfe von der Natur selbst lernen würden; und sie liefsen mich nicht lange auf dieses Vergnügen warten. Sie lernten von der Nachtigall singen, und der Gesang leitete sie auf die Sprache. Die ihrige war freylich sehr einfältig, aber bey aller ihrer Armuth reich genug für ein Volk, das mehr Freuden als Bedürfnisse, mehr Empfindungen als Begriffe, mehr sanfte Gefühle als Leidenschaften, und von allen euern Lastern und gekünstelten Tugenden gar keinen Begriff hatte. Sie bedienten sich derselben zu Liedern, worin sie die Freude über ihr Daseyn, die Vergnügen ihrer Sinne und ihres Herzens, die Ergiefsungen des Wohlwollens, der Liebe und der geselligen Fröhlichkeit in kunstlosen Sätzen ausdruckten. Sie hatten keine Bilder dazu vonnöthen wie eure Dichter; jedes Wort mahlte die Sache selbst. Die Liebe machte einen Jüngling zum Erfinder der Leier, einen andern zum ersten Flötenspieler; und die jugendliche Freude, oder die Grazien selbst, welche sich unerkannt in ihre Reihen mischten, lehrten die Mädchen und die

Knaben den hüpfenden Tanz, den keine Nachahmung erkünsteln kann. — O! meine Menschen waren glücklich; das kannst du mir glauben! und wenn die Büchse der Pandora —"

Hier wurde Prometheus mitten in seiner Rede durch einen verdrießlichen Zufall unterbrochen — ich erwachte.

---

## 17.

Man kann sich leicht vorstellen, daſs mich dieser Traum, oder, wenn man lieber will, dieses Fragment von einem Traume, zu allerley Betrachtungen leitete, wovon einige vielleicht nicht unwürdiger sind, meinen Lesern mitgetheilt zu werden, als mein Traum selbst. Aber jetzt würde es unartig seyn, wenn ich eine kleine Neugier unbefriediget lassen wollte, welche — die Büchse der Pandora bey meinen — Leserinnen zurück gelassen zu haben scheint; an deren Zufriedenheit mir viel zu viel gelegen ist, daſs ich in Fällen dieser Art etwas angelegneres haben könnte, als ihren leisesten Wünschen, so fern ich sie zu errathen fähig bin, entgegen zu kommen.

Prometheus schreibt der Büchse der Pandora alles Unglück seiner Menschen zu: „Ohne sie, sagt er, würden sie noch immer so glücklich seyn, als sie es in ihrem ursprünglichen Zustande waren." Was für eine Büchse konnte das wohl seyn, die so viel Unglück anzurichten vermochte?

Die Gelehrten — ein Volk, welches über nichts in der Welt einig werden kann — hegen auch über diesen Gegenstand sehr verschiedene Meinungen.

Einige glauben, daſs unter der Geschichte der Pandora nichts anders verborgen liege, als eine allegorische Vorstellung der wichtigen Wahrheit: „daſs der Vorwitz, oder die Begierde mehr zu wissen als uns gut ist, die erste Quelle aller menschlichen Übel gewesen sey." — Die Büchse der Pandora, sagen sie, war weder mehr noch weniger als die Büchse des Papsts Johannes des drey und zwanzigsten, mit welcher Seine Heiligkeit die Schwestern zu Fontevrauld — da sie das Privilegium, einander selbst Beichte hören zu dürfen, von ihm erzwingen wollten — zu ihrer Beschämung auf die Probe stellte. 6)

6) S. v. Hagedorns Fabeln und Erzählungen, zweytes Buch, im zweyten Theile seiner Werke, S. 256.

Andere suchen unter der **Büchse der Pandora** etwas noch verborgneres: es soll, ihrer Meinung nach, eben das dadurch bezeichnet werden, wovon der gelehrte Priester **Porphyrius**, unter dem Nahmen „**der Höhle der Nymfen**," so geheimnißvolle und hyperfysische Dinge schreibt. 7) Sie beziehen sich unter andern auf einen gewissen Vers des **Horaz**, 8) um dadurch zu erläutern, warum die **Büchse der Pandora** zur Quelle alles Übels von den Alten gemacht worden sey. — Aber wir gestehen, daß uns sowohl diese Auslegung als der angezogene Vers unsers Lieblingsdichters zu allen Zeiten sehr mißfallen hat.

Noch andere wollen in dieser berüchtigten Büchse eine allegorische Vorstellung der Einführung des **Eigenthumsrechts** unter den Menschen finden, — wovon sie sich irriger Weise einbilden, daß sie der Zeitpunkt der sittlichen Verderbniß der menschlichen Gesellschaft gewesen sey; — mehr andrer Meinungen zu geschweigen, welche zum Theil noch gezwungener sind als diese.

7) *S. Porphyr. de antro Nympharum.*
8) *Horat. Sat. L. I. Sat.* 3. *v.* 107.

Ohne uns bey einer wenig interessanten Prüfung aller dieser Hypothesen aufzuhalten, begnügen wir uns eine andre **aus einem alten Buch ohne Titel**, welches wir vor uns liegen haben, anzuführen, die uns defswegen am besten gefällt, weil sie die **natürlichste** zu seyn scheint.

Der unbekannte Verfasser verwirft alle **allegorische Erklärungen.** Die **Büchse der Pandora,** sagt er, war weder mehr noch weniger als eine wirkliche **Büchse,** im eigentlichen Wortverstande, und zwar — eine **Schminkbüchse;** ein unglückliches Geschenk, wodurch die betrügerische Pandora unendlich mehr Böses gestiftet hat, als der Vorwitz, das Eigenthum, und die Grotte der Nymfen. Seitdem die verderbliche Mode, die Lilien und Rosen, welche Jugend und Schönheit aus den Händen der **Natur** empfangen, aus einer **Schminkbüchse** zu ziehen, seitdem diese unselige Mode unter **Evens** Töchtern überhand genommen hat: seitdem ist es um die kunstlose Unschuld und Aufrichtigkeit der menschlichen Natur geschehen. Nur zu bald wurde die Mode allgemein. **Scheinen** und **Seyn,** welche **Eins** seyn sollten, wurden **zweyerley:** und weil es **leichter** war, gut, liebenswürdig, weise, tugendhaft, zu **scheinen,** als es in der

That zu seyn, und weil es, zumahl bey Kerzenlicht, die nehmliche Wirkung that; so bekümmerte sich niemand mehr darum, zu seyn, was er mit Hülfe dieser magischen Schminke scheinen konnte. Bald sah man kein natürliches Gesicht und keinen natürlichen Karakter mehr; alles war geschminkt und verfälscht; geschminkte Frömmigkeit, geschminkte Freundschaft, geschminkter Patriotismus, geschminkte Moral, geschminkte Staatskunst, geschminkte Beredsamkeit — Himmel! was wurde nicht geschminkt? — Die menschliche Gesellschaft glich nun einer grofsen Maskerade: und so wie die Nothwendigkeit die Kunst einander, dieser Mummerey ungeachtet, ausfündig zu machen, zur ersten unter allen Künsten erhob; so fand man sich durch die nehmliche Nothwendigkeit gezwungen, immer auf neue Künste zu denken, um diese Kunst zu vereiteln. Falschheit, Gleifsnerey, betrügliche Höflichkeit, nichtsbedeutende Freundschaftsversicherungen, heuchlerische Unterwürfigkeit —

Hier recitiert unser Anonymus eine Litaney von Lastern und Untugenden die kein Ende nehmen will, und ergiefst sodann die Bitterkeit seines Herzens in eine eben so lange Strafpredigt, womit wir, weil sie nichts weiter enthält als was unsre Leser in dem ersten besten Predigtbuche finden können, ihren guten Willen nicht zur Unzeit ermüden wollen.

Wer sollte denken, daſs so viel Böses aus einer Schminkbüchse hervorgehen könnte?

18.

Bey allem dem halten wir uns versichert, daſs die Geschöpfe des **Prometheus** nach und nach um ihre ursprüngliche Einfalt und Unschuld gekommen seyn würden, wenn gleich **Pandora und ihre Büchse** nie gewesen wären; — und in der That, man muſste so sehr in sein eignes Werk verliebt seyn als **E r** es war, um nicht zu sehen wo der Fehler lag.

Geschöpfe, deren Unschuld und Glückseligkeit von ihrer **Unwissenheit** abhängt, — wie er von den seinigen selbst gesteht — befinden sich immer in einer sehr unsichern Lage; und alles wohl überlegt, war es kein groſser Schade, daſs die ganze Zucht einer so zerbrechlichen Art von belebter und beseelter Töpferarbeit in **Deukalions Überschwemmung** ersäuft wurde.

Ernsthaft von einer ernsthaften Sache zu reden, — die Filosofen, Sofisten, Redner, oder wie sie sich sonst am liebsten nennen hören, welche uns bereden wollen, dafs —

„die Entfernung von der ersten Einfalt der Natur — Entfernung von der Natur selbst sey;

„dafs es der Natur gemäfs gewesen wäre, wenn wir immer in einem Zustande von glücklicher Unwissenheit, wie sie es nennen, geblieben wären;

„dafs die Erweiterung unsrer Bedürfnisse die Mutter unserer Laster, — und

„der Genufs aller Geschenke der Natur, und die Verfeinerung aller Künste, dasjenige sey, was den Untergang der Staaten am meisten befördere:"

Die Herren, welche so reden, sprechen entweder von Menschen aus der Fabrik des Prometheus — oder von Menschen, welche, wie Jupiters Minerva, aus ihrem eigenen Gehirne hervorgegangen, — oder wenn diese Behauptungen den wirklichen Erdebewohnern gelten sollen, so werden sie uns erlauben zu sagen, dafs sie die menschliche Natur, von der sie so viel reden, nicht besser zu kennen scheinen, als die Natur der Einwohner in Saturns Ringe.

Unstreitig giebt es einzelne Menschen, welche wohl daran thun, wenn sie wie **Diogenes** und **Epiktet** leben lernen.

Es giebt Fälle, wo ein allgemeiner Geist von Sparsamkeit einem ganzen Staat eine Zeit lang nützlich ist.

Es giebt Fälle, wo ein Fürst sehr zu loben ist, wenn er, wie Kaiser **Markus Aurelius**, sein Gold- und Silbergeschirr in die Münze schickt, um sein Kriegsheer damit zu bezahlen.

Aber alle diese Fälle sind blofse **Ausnahmen**, und es bleibt darum nicht weniger wahr:

„Dafs die möglichste Benutzung des Erdbodens und die möglichste Vervollkommnung und Verschönerung des menschlichen Lebens das grofse Ziel aller Bestrebungen, welche die Natur in den Menschen gelegt hat, und also im Grunde der Natur eben so gemäfs sey, als die Einfalt, in so fern diese eine unzertrennliche Gefährtin der ersten Periode des Lebens bey der ganzen Gattung so wie bey dem einzelnen Menschen ist.

---

# ÜBER
# DIE BEHAUPTUNG
## DASS
## UNGEHEMMTE AUSBILDUNG DER MENSCHLICHEN GATTUNG NACHTHEILIG SEY.

1770.

## 1.

„Das menschliche Herz ist in immer währender Unruhe; nichts unterm Monde kann ihm Genüge thun; es ist ein unersättlicher Abgrund; seine Begierden gehen ins unendliche, u. s. f."

Von wie vielen sinnreichen und beredten Leuten unter Alten und Neuern, wie oft und auf wie vielerley Art ist dieſs nicht gesagt worden! — und wer hat es besser gesagt als Paskal?

Es giebt wenige gelehrte Gemeinplätze, (wenn uns erlaubt ist, das was man *locos communes* nennt, durch dieses Wort im Deutschen zu bezeichnen) welche, ungeachtet der groſse Haufe der Gelehrten sich schon so viele Jahrhunderte darauf herum getummelt hat, so erschöpft, zertreten und ausgenutzt seyn sollten, daſs sie durch Einzäunung und Bearbeitung nicht eine neue Gestalt gewinnen, und in fruchtbare Plätze verwandelt werden könnten.

Vermuthlich hat es mit dem oben angezognen die nehmliche Bewandtnifs: und wiewohl diese Meinung von der Beschaffenheit unsrer **Begierden** seit undenklichen Zeiten zu so vielen schimmernden Gegensätzen und spruchreichen Deklamazionen Anlafs gegeben hat; so könnte doch wohl seyn, dafs das **Wunderbare, Unbegreifliche** und **Geheimnifsvolle**, welches einige defswegen auf die menschliche Natur geworfen haben, bey genauerer Untersuchung verschwände, und es auch hier erginge, wie es, nach **Tlantlaquakapatli's** Regel, gemeiniglich mit dem Wunderbaren zu ergehen pflegt.

In der That, wenn wir uns auf dem Erdboden umsehen, so haben wir Mühe, diesen **Menschen** zu finden, den die besagten scharfsinnigen und beredten Leute für unser **allgemeines Ebenbild** ausgegeben. Und sollte er auch vielleicht in einer kleinen Anzahl **sonderbarer Menschen** zu finden seyn: so ist mehr als wahrscheinlich, dafs **Demokritus** oder **Sokrates** diesen letztern, ehe sie sich mit ihnen eingelassen hätten, zuvor eine gute Dosis Niesewurz verordnet haben würden.

Wenn wir uns auf dem Erdboden umsehen, sagte ich? — Das ist freylich was man schlechterdings thun mufs, um den Menschen kennen zu lernen; und kennen sollte man ihn doch, um über ihn zu räsoniren. Aber wo ist derjenige, der in diesem wichtigen Geschäft sich nicht genöthigt sieht, über das **Vergangene** durchaus, und über das **Gegenwärtige** gröfsten Theils, aus fremden Augen zu sehen? Die wenigen Filosofen, welche seit dem alten **Thales** aus Wissenstrieb ausgezogen sind, die Söhne und Töchter des Erdbodens zu beschauen, haben doch immer nur einen kleinen Theil ihrer Zeitgenossen sehen können; und **Gemelli Karreri**, der einzige, meines Wissens, der aus besagtem Triebe den ganzen Erdboden durchwandert und alle Meere durchirret zu haben **vorgiebt**, — dieser **Gemelli**, so eine wichtige Miene er macht, war gewifs kein Filosof.

## 2.

Es ist, im Vorbeygehen zu sagen, verdrießlich, daß alle die herrlichen Dinge, welche uns **Plotinus**, **Proklus**, **Agrippa**, die **ehrwürdige Brüderschaft vom Rosenkreuz**, und der **Graf von Gabalis**, von einer **geheimen Filosofie**, welche sich die ganze Natur durch den edelsten Theil derselben, die **Geister**, unterwerfen könne, vorsagen, allem Ansehen nach bloße Träumereyen sind.

Ein bequemer Wagen, von einem Paar fliegender Drachen oder Einhörner gezogen, und ein Sylfe oder ein **Sklave der wunderbaren Lampe** zur Bedienung, wäre freylich eine vortreffliche Sache, um einen Mann in den Stand zu setzen, die Oberfläche unsers Planeten, mit allem was darauf lebt, webet und ist, so gut kennen zu lernen als seine Studierstube; mit einbedungen, daſs er sich auch der Gabe der Sprachen bemächtigen müſste, ohne welche uns die Kondaminen selbst nur sehr unvollkommne Nachrichten von Menschen geben können, die sie nur im Vorbeygehen wenig besser gesehen haben, als man die schönen Schattenwerke in einem Savoyardenkasten sieht.

Wie viel würde dasjenige, was **Bakon von Verulam** die **Schatzkammer der menschlichen Erkenntnisse** nennt, dabey gewinnen, wenn ein Denker, der irgend ein verwickeltes moralisches Problem aufzulösen hätte, — anstatt auf etliche unvollständige und wenig sichre Angaben hin, oder (was beynahe eben so viel ist) auf gerathewohl zu räsonieren, oder (was nicht um den Werth einer hohlen Nuſs besser ist) aus **willkührlichen** Erklärungen und Voraussetzungen Folgerungen zu ziehen, welche immer in Gefahr schweben, von einer einzigen neuen **Wahrnehmung** wie Kartenhäuschen umgeblasen zu werden, — sich nur in seinen Wagen setzen und in gerader Linie dahin fahren dürfte, wo er das **Orakel der Natur** selbst befragen könnte; das ist, wo er weiter nichts brauchte als die Augen aufzuthun, um zu sehen **was — was ist**, ohne sich die Mühe zu nehmen, die **Möglichkeit** dieses was, und die Bedingnisse dieser Möglichkeit, und die besondern Bestimmungen dieser Bedingnisse — *a priori* ausfündig zu machen.

Ich will hier dahin gestellt seyn lassen, wie viel oder wenig Hoffnung man sich zu machen habe, daſs unsre Nachkommen einen so glücklichen Zeitpunkt für die spekulativen Wissenschaften dereinst erleben werden. Gewiſs ist, daſs wir uns bis dahin, gern oder ungern, bequemen müssen, durch andrer Leute Augen zu gucken, wenn wir uns auf dem Erdboden umsehen wollen. Und diese Nothwendigkeit vorausgesetzt, kann man, wie es scheint, mit hinlänglichem Grunde sagen: daſs der **Mensch**, dessen Begierden immer ins **unendliche** gehen und sich **an nichts Irdischem** ersättigen, unter den Erdebewohnern, so wie sie nach dem ordentlichen Laufe der Natur aus der Beywohnung eines Mannes und eines Weibes entspringen, eine **sehr seltene Erscheinung** sey.

———

## 3.

**Der Zustand der so genannten Wilden,**

> Die, ohne zu ackern, zu pflanzen, zu säen,
> Mit Müſsiggang sich auf Kosten der Götter
> begehen,

wie **Homer** von seinen **Cyklopen** sagt:

Und der Zustand der groſsen **Asiatischen Despoten,** (eines Kalifen im alten Bagdad, oder eines Sultans von Indien, zum Beyspiel) scheinen die **beiden äuſsersten Linien** zu beschreiben, innerhalb welcher das, worin die Menschen ihre **Glückseligkeit** zu suchen pflegen, eingeschlossen ist; — und beide scheinen zu beweisen, „daſs sich der Mensch mit sehr wenigem befriedigen lasse."

Der **Grönländer,** der **Lappe,** der **Kamtschadale,** der **Eskimo,** der **Karaibe,** der **Hottentott,** — Leute, die zum

Theil unter sehr verschiedenen Himmelsstrichen leben, — wie wenig haben sie vonnöthen, um mit ihrem Zustande zufrieden zu seyn!

Die glaubwürdigsten Nachrichten stimmen alle darin überein, dafs diese in unsern Augen so armseligen Geschöpfe „sich für die Glückseligsten unter den Sterblichen halten, und den blofsen Gedanken mit uns zu tauschen verschmähen."

Der Lappe, unter seinem berufsten kegelförmigen Gezelte auf etliche Bärenhäute ausgestreckt, bringt seine Mufse mit Tabakrauchen zu, (sagt der Präsident von Maupertuis) und sieht mit Mitleiden auf die Bemühungen der übrigen Sterblichen herab.

Den Wilden in Nordamerika gesteht ein Mann, der sie zu kennen Gelegenheit gehabt hat, und mehr Filosof ist als man es von einem Ordensmann erwarten oder fordern dürfte, der Jesuit Charlevoix, zu: „dafs sie glücklich seyen." Er versichert uns, dafs, als einige von ihnen nach Paris geschickt worden, der Anblick aller Herrlichkeiten und Wollüste dieser Hauptstadt der heutigen Welt nicht den mindesten Eindruck auf sie gemacht habe; dafs sie mit dem lebhaftesten Verlangen wieder in ihre Heimath zurückgekehrt, und von allem, was sie in Paris gesehen, nichts ungern zurück gelassen hätten, als **die Garküchen**, wo sie immer vollauf zu essen gefunden, ohne auf die Zubereitung warten zu müssen.

Er ist so billig hinzu zu setzen: daſs es wohl **Franzosen** gegeben habe, welche, nachdem sie einige Zeit unter den **Wilden** gelebt, es sich so wohl bey ihnen gefallen lassen, daſs sie sich nicht entschlieſsen können, in die Kolonie zurückzukehren, ob sie gleich sehr bequem darin zu leben gehabt hätten; aber daſs sich jemahls ein **Wilder** an die **Französische** Lebensart gewöhnt hätte, davon habe man kein' Beyspiel; u. s. f. — Kurz, die wilden Nordamerikaner sind in ihren eigenen Augen (und über diesen Punkt wird doch ihr Zeugniſs, wiewohl in ihrer eigenen Sache, für gültig angenommen werden müssen) die beneidenswürdigsten Leute unter der Sonne; — und sind es ohne unsre Wissenschaften, ohne unsre Künste, ohne unsre Bequemlichkeiten und erkünstelten Wollüste, bloſs durch Freyheit von allen Arten von Zwang, durch Müſsiggang und Befriedigung ihrer thierischen Bedürfnisse. Laſst den Wilden in seinem Hamak liegen und Tabak rauchen; gebt ihm, wenn ihn hungert, seine Portion Maniok oder Bärenfleisch, und seine Frau, wenn er genug gegessen hat, und schenkt ihm Branntwein aus dem Schädel seines Feindes ein, wenn er sich auf die angenehmste Art einschläfern will: das ist alles was er zur Glückseligkeit vonnöthen hat; seine rohe Seele erhebt sich zu keinem höhern Wunsche, und erwartet selbst von jenem Leben keine höhern Freuden.

Und was hat nun euer Sultan, euer Kalif, Sardanapal und Heliogabalus vor diesem Wilden voraus? Worin ist die Glückseligkeit, die ihn so lange befriediget als seine Nerven ihre Dienste thun, von des Huronen seiner unterschieden? Die Form macht in der That einigen Unterschied, aber der Stoff ist der nehmliche. Ein ewiger Zirkel sinnlicher Ergetzungen, mit Unabhängigkeit und sorglosem Müſsiggang vergesellschaftet, macht diesen beneideten Zustand aus, welcher seinem Besitzer in einer ununterbrochenen Trunkenheit, zwischen Betäubung und Entzücken, keine Fähigkeit läſst, einen andern Wunsch zu thun, oder etwas andres zu bedauern, als daſs Erschöpfung und Unvermögen, allen Zaubereyen der Natur und allen Hülfsmitteln der Kunst zu Trotz, endlich die wollüstige Scene schlieſsen.

Ein berühmter Englischer Dichter, der Zeitgenosse und Nebenbuhler des groſsen

Shakspeare, Ben Johnson, schildert in seinem Alchymisten die innerlichen Gesinnungen der meisten Sterblichen, unter der Person des Sir Epikur Mammon, nach dem Leben ab. Dieser Unsinnige hat sich von einem Betrüger eine Grille in den Kopf setzen lassen, welche in Ben Johnsons Zeitalter manchen Kopf verrückte, und manchen Beutel ausleerte. Er hofft sich in kurzem in vollem Besitze des Steins der Weisen zu sehen. Das grofse Werk berührt beynahe den Augenblick seiner Zeitigung. In drey Stunden wird die Projekzion vor sich gehen. Welche Aussichten für den üppigen Sir Mammon! Seine Einbildungskraft wird so sehr dadurch erhöht, dafs er von seinen ausschweifenden Hoffnungen als von Dingen, die er wirklich schon im Besitz habe, spricht. In drey Stunden wird er nicht nur, wie König Midas, alles was er berührt in Gold verwandeln, sondern auch dieses wundervolle Elixier in seiner Gewalt haben, wovon etliche Tropfen genug sind, (wie er sagt) „aus abgelebten Greisen wieder Jünglinge zu machen, wahre Marse, fähig Liebesgötter zu zeugen!"

Und was für einen Gebrauch wird Sir Epikur von seinem unschätzbaren Geheimnisse machen? — „Ich gedenke (spricht er in der Ergiefsung seiner Freude) eine so grofse

Menge von Weibern und Beyschläferinnen zu haben, wie König Salomon, der den Stein der Weisen auch hatte wie ich; und vermittelst meines Elixiers will ich mir einen Rücken machen wie des Herkules seiner war, kräftig genug, um es mit funfzigen in Einer Nacht aufzunehmen. Meine Betten sollen nicht gestopft seyn; aufblasen will ich sie lassen; Flaum ist zu hart. Und dann meinen grofsen ovalen Sahl, den will ich mit lauter Mahlereyen angefüllt haben, wie sie Tiberius von der Elefantis entlehnte: sie sollen ganz ein andres Leben haben als diese matten Nachahmungen des schalköpfigen Aretin! — 1) Wolken von kostbaren Gerüchen sollen meine Zimmer erfüllen, und meine Bäder so geräumig und tief seyn, dafs wir darin schwimmen können; und wenn wir wieder heraus steigen, wollen wir uns auf Schasmin und Rosen trocken wälzen.

---

1) Ich habe in diesem Gemählde einen starken Zug weggelassen, weil er für Deutsche Leser zu anstöfsig wäre, wiewohl ihn die Engländer sogar auf der Schaubühne ertragen konnten. Mammon sagt im Original:

*— — — Then my Glasses*
*Cut in more subtil Angles, to disperse*
*And multiply the Figures, as I walk*
*Naked between my Succubae — —*

Meine Speisen sollen alle in Indischen Muscheln, in Schüsseln von Achat mit Golde gefaſst und mit Smaragden, Saffieren, Hyacinthen und Rubinen besetzt, aufgetragen werden; — Karpfenzungen, Haselmäuse, und Kamelsfüſse, in Spiritus Solaris und aufgelösten Perlen gesotten, 2) u. s. w. Meine Hemden will ich mir aus einem Seidenzeug machen lassen, der so dünn und leicht wie Spinneweben seyn soll." — Mit Einem Worte, die ausschweifendsten Begierden, in welche sich Sir Epikur Mammon in der Entzückung über seinen eingebildeten Schatz ergieſst, erheben sich nicht über den kleinen Dunstkreis eines Epikurischen Schweins, wie Horaz irgendwo, halb im Ernste und halb im Scherze, sich selbst zu nennen beliebt.

2) Ben Johnson bringt hier, seiner Gewohnheit nach, seine Gelehrsamkeit wohl oder übel an. Die Schwelgerey der alten Römer machte aus Sinnlichkeit und Muthwillen eine Menge seltsamer Dinge zu Leckerbissen. Die Haselmäuse gehören darunter, aus denen der berüchtigte Professor der Kazianischen Filosofie, Apicius, köstliche Ragouts zubereiten lehrte. Sir Mammon will lauter dergleichen antike Leckerbissen auf seiner Tafel haben, Karpfenzungen, Bärte von Barben, Euter von trächtigen Sauen und dergleichen. Fasanen, Salmen, Lampreten, Haselhühner sind gut genug für seine Lakayen, sagt er —

Es wird wohl, hoffentlich, keiner Protestazion vonnöthen haben, daſs ich sehr weit entfernt bin, eine so thierische Sinnesart gut zu heiſsen. Aber ich kann mich eben so wenig verhindern, zu glauben, daſs, wenn Scham oder Heucheley dem gröſsten Theile der Sterblichen erlaubte aufrichtig zu seyn, die meisten gestehen müſsten, daſs sie — die Haselmäuse und Schweinszitzen und die in Perlen gekochten Kamelsfüſse allenfalls ausgenommen — die übrigen Ingredienzien in das, was dieser komische **Heliogabalus** für sein **höchstes Gut** erklärt, sich sehr wohl gefallen lassen würden.

**Die Griechen** waren von den Zeiten des **Pisistratus** an das feinste, witzigste und politeste Volk des Alterthums. Und was für Männer waren ihr **Solon**, ihr **Alexander**! Jener ein Weiser, ein Gesetzgeber, dessen Nahme uns noch jetzt Ehrerbietung gebeut: dieser einer von den seltnen Menschen, bey deren Hervorbringung die Natur sich selbst zu erschöpfen scheint; ein Mann, der (wenn jemahls einer) dazu gemacht war, an der Spitze des menschlichen Geschlechts zu stehen.

Und wie **dachte** der eine und der andre über den groſsen Punkt, wovon hier die Rede ist? Ihre **Ausübung** kann uns, denke ich, das beste Licht hierüber geben.

Was ich jetzt liebe, (singt der alte Solon in einem kleinen Bruchstück eines Gedichtes, welches uns Plutarch aufbehalten hat) das sind die Werke der Kypris, des Bacchus und der Musen, aus welchen die Freuden der Männer entspringen. — Das heifst doch sich sehr offenherzig herausgelassen! Es ist, wenn man will, verfeinerte Sinnlichkeit, mit den Freuden der Einbildungskraft und des Herzens vergesellschaftet; aber es ist doch immer Sinnlichkeit. Und aus diesem Tone sang Solon der Weise nicht etwann in der Trunkenheit der ersten Jugend, sondern (wie der silberlockige Anakreon) in einem Alter, worin ein Mann wie Er den Werth des Lebens und der Dinge schätzen gelernt haben sollte.

Der grofse Alexander, der, in dem eigentlichen Alter der Leidenschaften, der bescheidenste, der mäfsigste, der enthaltsamste aller Sterblichen war, blieb es nur so lange, als der Durst nach Ruhm, oder, richtiger zu reden, als die Begeisterung für seinen Entwurf einer allgemeinen Monarchie, alle seine übrigen Leidenschaften überwältigte. Aber so bald ein grofser Theil dieses romantischen Entwurfs ausgeführt, und unter den Schwierigkeiten, die von allen Seiten mit jedem neuen Schritt auf ihn eindrangen, sein Blut genugsam abgekühlt war, um auf den Rest desselben Verzicht zu thun, oder wenigstens mit viel gemäfsigterm Eifer daran zu arbeiten: so legte er nur zu viele Proben ab, dafs er von der Glückseligkeit eben so denke wie die gewöhnlichen Menschen. Von diesem Augenblick an machten **üppige Gastmähler, Bacchusfeste, Persische Weine und Persische Schönen** den Gegenstand der Ergetzungen aus, womit er sich selbst für alle die Mühe belohnte, die er sich gegeben hatte, um (wie er einst im Scherz sagte) den Athenern eine gute Meinung von ihm beyzubringen.

**Pyrrhus,** nach Alexandern der ruhmsüchtigste aller Griechen, giebt in seinem berühmten Gespräche mit dem weisen **Cyneas,** welches uns **Plutarch** aufbehalten hat, auf eine sehr offenherzige Art zu erkennen, was in seinen Augen dasjenige war, worin sich alle Wünsche der Sterblichen verlieren. Nachdem ihn seine durch Ruhmsucht begeisterte Einbildungskraft von Eroberung zu Eroberung endlich zum Herrn der halben Welt gemacht hatte, fragt ihn **Cyneas:** „Und wenn wir nun mit allen diesen Eroberungen fertig sind, was fangen wir alsdann an?" — **Was wir anfangen?** sagt **Pyrrhus; das versteht sich!** Dann bringen wir unser übriges Leben in **Ruh'** und

Müfsiggang, in Schmäusen und Festen und Lustbarkeiten zu, und denken an nichts, als wie wir uns die Zeit recht angenehm vertreiben wollen. — Wahrlich, ein sehr Aristippischer Plan von Leben! und, was hier vornehmlich zu bemerken ist, an welchem weder der weise Cyneas noch der weise Plutarch etwas anders auszusetzen haben, als dafs Pyrrhus nicht weise genug war, da anzufangen, wo er auf zuhören gedachte.

Man würde mich sehr unbillig mifsverstehen, wenn man glaubte, ich wollte damit sagen: dafs Solon, Cyneas oder Plutarch Anhänger oder Gönner einer trägen, lasterhaften Wollust gewesen wären. Die grofsen Männer des Alterthums wufsten so gut als die Grofsen und Weisen unter den Neuern Geschäfte mit Ergetzungen, und das, was sie dem Staat, mit dem, was sie sich selbst schuldig zu seyn glaubten, zu vereinigen. Indessen erweiset sich doch aus diesen Beyspielen, was für eine Vorstellung sie sich von der Glückseligkeit machten, so bald die Rede nicht von einer Idee, sondern vom wirklichen Leben war. — Und das ist was wir beweisen wollten.

Doch wozu haben wir **einzelne Beyspiele** nöthig? Die hohe Meinung, welche die Erdebewohner von der Glückseligkeit, die aus dem Genusse des sinnlichen Vergnügens entspringt, von jeher geheget haben, liegt am Tage. **Wohlleben** und **Schmausen** ist bey allen Völkern einerley; und womit enden sich alle grofsen öffentlichen Handlungen, auch die wichtigsten und feierlichsten, als mit einem Schmause? Welches ist der gewöhnliche Weg einander Ehre anzuthun, einem Gönner seine Dankbarkeit zu beweisen, oder sich einem Grofsen angenehm zu machen? Ein Schmaus, ein Bacchanal, ein Fest, wobey, nach Beschaffenheit der Gröfse der Person die damit beehrt wird, alle Götter der Freuden aufgeboten werden. Bey öffentlichen Unterhandlungen, von welchen oft der Wohlstand ganzer Völker abhängt, was pflegen gewöhnlicher Weise die hohen Bevollmächtigten angelegners zu haben, als mit einander in die Wette zu eifern, wer die Ehre seiner Nazion und seines Principals durch den prächtigsten Schmaus behaupten könne? Sogar bey Geschäften, welche den strengen Ernst der **Richter am Styx** und die Tugend eines **Kato** erfordern, nehmen Bankette und Ergetzungen wenigstens die Hälfte einer Zeit weg, welche Verrichtungen geheiligt ist, wobey man nie nüchtern genug seyn kann. 3) Und wir sollten daran zweifeln, daſs die Menschen ihre höchste Glückseligkeit in Essen, Trinken, Müſsiggang und sinnlichen Wollüsten suchen?

Doch, wofern uns auch dieses alles, und überhaupt der gewöhnliche Gebrauch, den die Reichen von ihrem Überflusse machen, und die Begierlichkeit, womit sich die übrigen angelegen seyn lassen reich zu werden, noch einen Zweifel übrig lassen könnte, wie sehr die Wünsche der Sterblichen an der Erde kleben: so müſsten uns die Vorstellungen davon überzeugen, welche man sich von jeher, bey allen Völkern, denen das Christenthum keine reineren Begriffe von der Bestimmung des Menschen beygebracht, über den Zustand der Seligen in der andern Welt gemacht hat.

Das Elysium der Griechen, die Gimle und Vallhalla der alten Nordländer, und das Paradies der Muhamedaner sehen einander so ähnlich, daſs sie von einerley Urbild abgeformt zu seyn scheinen. Ewige Muſse, ewiger Genuſs sinnlicher Wollüste, ohne

---

3) Dieſs wurde um die Zeit der letzten Reichs-Kammergerichts-Visitazion geschrieben, und paſste vortrefflich.

Schmerz, ohne Arbeit, ohne Sättigung, macht in allen dreyen das Ideal der Glückseligkeit aus, welche von dem künftigen Leben erwartet wird.

Und können wir uns wundern, daſs der grofse Haufe so dachte, wenn wir sehen, daſs die erhabensten Filosofen ihm hierin mit ihrem Beyspiel vorleuchteten?

Selbst in seinem überhimmlischen Lande läſst Plato die seligen Geister, von Nektar trunken, tanzend den Wagen Jupiters begleiten; und der Sokratische Äschines, einer der würdigsten Schüler des weisen Atheners, schildert, aus dem Munde des Magiers Gobryas, die bessere Welt, zu welcher er dem sterbenden Axiochus Lust machen will, als einen Ort, „über welchen die freygebigen Horen einen Überfluſs aller Arten von Gewächsen und Früchten ausschütten; wo reine Wasserquellen die blumigen Wiesen erfrischen, auf denen ewiger Frühling herrscht. — Er ziert diesen schönen Ort mit Hallen für die Filosofen, und mit Schauplätzen für die Dichter; er läſst seine Seligen an Tischen, welche sich von selbst decken, unter einer reitzenden Musik, sich gütlich thun, und von ihren Banketten zu Koncerten und Reihentänzen aufstehen; und er vollendet das lachende Gemählde mit zwey Zügen, welche den allgemeinen Wunsch aller Sterblichen zu umschreiben scheinen, und sich in seiner Sprache (der wahren Sprache der Musen) in vier Worte einschliefsen lassen — ακηρατος αλυπια, und ηδεια διαιτα, gänzliche Befreyung von Schmerz und Traurigkeit, und ein Leben dem kein Vergnügen fehlt." — In der That war dieses der gewöhnliche Begriff, den sich die Griechen von dem Zustande der seligen Schatten machten; und ich sehe zwischen diesem Elysium und dem Lande der Seelen, wohin die Nordamerikanischen Indier ihre Verstorbenen schicken, keinen andern Unterschied, als denjenigen, der sich natürlicher Weise zwischen den Vorstellungsarten eines gebildeten und eines rohen Volkes findet.

Ich weifs wohl, dafs sich einige von den aufgeklärtesten Männern unter den Alten einen edlern Begriff von dem künftigen Leben gemacht, und die Glückseligkeit desselben von einer Erhöhung unsrer Natur abgeleitet haben, wodurch wir der unmittelbaren Gemeinschaft des höchsten Wesens fähig gemacht würden. Und ohne allen billigen Zweifel ist diefs die eigentliche Vorstellung gewesen, welche sich die Anhänger des Zoroaster, und unter den Griechen Pythagoras und Plato, von dem Zustande der

Weisen und Tugendhaften nach dem Tode gemacht haben.

Allein daraus folget wohl nichts weiter, als daſs eine sehr kleine Anzahl erhabener Geister, welche in mehr als Einer Betrachtung eine Ausnahme von den übrigen Sterblichen machen, sich, wenigstens in der Spekulazion, zu einer Idee von Vollkommenheit aufzuschwingen getrachtet habe, welche gleichwohl so weit über die Fähigkeit gewöhnlicher Menschen erhaben ist, daſs sie genöthiget waren sie in sinnliche Bilder einzukleiden, um sich einiger Maſsen verständlich und ihre Leser oder Hörer gelüstig zu machen, dieser unsichtbaren Glückseligkeiten theilhaft zu werden.

4.

Hätte es, wie aus den angeführten Beyspielen zu folgen scheint, seine Richtigkeit damit, daſs die Menschen von jeher ihre höchste Glückseligkeit in Freyheit von Schmerzen, Sorgen und Geschäften, und in den Genuſs angenehmer Empfindungen der Sinne und des Herzens gesetzt haben: so müſste (scheint es) diese Übereinstimmung aller Völker für die Stimme der Natur selbst gehalten, und daraus ganz zuversichtlich geschlossen werden können, daſs die Art von Glückseligkeit, welche sie den Sterblichen hienieden zu ihrem Antheil bestimmt habe, eine Sache sey, die ihnen ganz nahe und so völlig in ihrer Gewalt liege, daſs es keiner weitläuftigen Anstalten bedürfe, um sich ihrer zu bemächtigen.

Nehmen wir hierzu noch die Betrachtung, dafs (nach dem unläugbaren Zeugnisse der allgemeinen Geschichte) der gröfste Theil der **Übel, welche die Menschheit von jeher gedrückt haben und noch immer drücken, durch die Mittel selbst veranlafst worden,** womit man diesen Übeln **abzuhelfen** vermeint oder vorgegeben hatte;

Bemerken wir ferner, wie nachtheilig in gewissem Sinne dem menschlichen Geschlechte die **äufserste Verfeinerung der Sinnlichkeit, des Geschmacks,** und gewisser spekulativer Kenntnisse gewesen, und müssen wir dem berühmten **Genfer Bürger** zugestehen, was sich ohne Unverschämtheit nicht wohl läugnen läfst, — dafs beides, Wissenschaften und Künste, so bald sie über **die Linie, in welche Sokrates** ihre Entwicklung einschränkt, — μεχρι του ωφελιμου —**so weit ein wirklicher Nutzen für die menschliche Gesellschaft daher zu erwarten ist** 4) — ausgeschweift haben, der allgemeinen Wohlfahrt mehr nachtheilig als förderlich gewesen sind:

4) Um einer unbilligen Mifsdeutung vorzubeugen, wird hier erinnert, dafs ich **das Nützliche,** auf welches **Sokrates** die Wissenschaften und Künste einschränkt, (wiewohl er eigentlich an dem Orte der

So gewinnt es das Ansehen, als ob die Natur selbst die Entwicklung unsrer Vervollkommlichkeit nur bis auf einen gewissen Punkt gestatten wolle, und den stolzen Versuch sich höher zu schwingen, mit nichts geringerm als dem Verlust unsrer Glückseligkeit bestrafe.

Wollten wir Rousseau glauben, so müfste dieser Punkt nicht sehr weit von demjenigen Stande gesetzt werden, den er uns als unsern ursprünglichen Stand (*état primitif*) anpreist. Da wir, spricht er, unglücklich genug gewesen sind, uns von diesem zu entfernen, so wäre wenigstens zu

Sokratischen Denkwürdigkeiten, auf welchen hier gezielt wird, nur davon spricht, in wie weit sich ein καλος και αγαϑος auf jede Kunst oder Wissenschaft zu legen habe) in einem ungleich ausgedehnteren und so weitschichtigen Sinne nehme, dafs selbst solchen gelehrten Beschäftigungen, welche nur einen sehr entfernten und unendlich kleinen Einflufs in die Vervollkommnung des allgemeinen menschlichen Systems haben, — von des gelehrten Olaus Rudbecks *Atlantica*, bis zu Altmanns gründlichem Beweise, dafs die *Lingua Opica* eine Sprache sey, wovon weder er selbst noch irgend ein andrer Mensch ein Wort verstehe, — eine Art von Verdienst übrig bleibt.

wünschen, daſs wir nur in jenen ersten Anfängen (*rudimens*) des geselligen Standes, worin man die Amerikanischen Wilden gefunden hat, stehen geblieben wären. Dieser Stand scheint ihm das **richtige Mittel** zwischen der Indolenz des ursprünglichen, und zwischen der ausgelassenen Thätigkeit unsrer Eigenliebe zu halten, 5) und ist, seiner Meinung nach, dem Menschen der zuträglichste, den wenigsten gewaltsamen Abänderungen unterworfen, kurz, der **dauerhafteste und glücklichste**, aus dem (wie er sagt) der Mensch nicht anders heraus getrieben werden konnte, als durch irgend einen **Zufall**, der, um unsers allgemeinen Besten willen, sich niemahls hätte ereignen sollen.

Ich bin nicht ungeneigt zu glauben, daſs, wofern wir die menschliche Natur in den **Karaiben** und ihren Brüdern in Kanada, Kalifornien, Neuseeland, u. s. w. ohne Vorurtheile studieren wollten, wir sie in diesen ihren **verwilderten** Kindern sich selbst

---

5) *Ce periode du developpement des facultés humaines, tenant un juste milieu entre l'indolence de l'état primitif et la petulante activité de notre amour propre, dut être l'époque la plus heureuse et la plus durable.* **Discours sur l'inégalité**, p. 70.

viel ähnlicher finden würden, als es beym ersten Anblick scheinen mag: aber so sehr beneidenswürdig würde uns ihr Zustand schwerlich vorkommen, als Rousseaus eigensinnige Einbildungskraft sich ihn idealisiert zu haben scheint. Die schrecklichen Gemählde, welche uns selbst der P. Charlevoix (der ihnen überhaupt, so weit es die Grundsätze seines Standes nur immer erlaubten, viele Gerechtigkeit widerfahren läfst) von der unbändigen Wildheit ihrer Leidenschaften, und den wüthenden Ausbrüchen, wozu sie sich dahin reifsen lassen, macht, — sind nicht sehr geschickt, uns den Zufall (wenn es einer war) verwünschen zu machen, der uns von einem Zustand entfernt hat, worin unmenschliche Gewohnheiten und barbarische Tugenden mit der eigenthümlichen Güte und Aufrichtigkeit der menschlichen Natur auf die seltsamste Weise zusammen stofsen, und für die Dauer des gemeinschaftlichen Wohlstandes so schlecht gesorgt ist, dafs das Vergehen eines Einzigen alle Augenblicke den Untergang seiner ganzen Nazion nach sich ziehen kann.

## 5.

Man hat Ursache sich zu wundern, warum Rousseau diesen Mittelstand zwischen thierischer Wildheit und übermäfsiger Verfeinerung, an welchen die Natur die Glückseligkeit der Menschen gebunden zu haben scheint, vielmehr unter den Huronen und Algonquins, als bey einem gewissen andern Volke zu finden vermeint hat, welches nur darum so wenig bekannt ist, weil es, ohne es zu scheinen, vielleicht das glücklichste unter allen ist; — einem Volke, dessen Sitten und Lebensart ein so reitzendes Gemählde von Unschuld, Ordnung, Freyheit, Ruhe, und unerkünstelten Tugenden darstellen, dafs wir versucht würden, die Beschreibung desselben für einen schönen Traum der Einbildungskraft zu halten, wenn ihre Zuverlässigkeit auf einem minder festen Grunde als dem Zeugnisse des Franz Moore beruhete; eines Augenzeugen, defsen gesunder Verstand und aufrichtiger Karakter keinem Zweifel in die

Glaubwürdigkeit seiner Nachrichten Raum läfst. 6)

Dieses seinem Ursprunge nach ohne Zweifel **Arabische** oder **Maurische Volk** hat alle gute Eigenschaften, die man von den **Beduinen** rühmt, ohne einige Mischung von ihren Untugenden. Die **Foleys** (so nennt sie **Moore**) leben hordenweise, in einer Art von Städten, welche jedoch diesen Nahmen in Vergleichung mit den unsrigen nur sehr uneigentlich führen, da sie blofs aus einer Anzahl bequemer Hütten bestehen, welche mit gemeinsamen Umzäunungen, mehr zum Schutz gegen wilde Thiere als gegen wilde Menschen, umgeben sind. Wir würden versucht zu sagen, das natürliche Gefühl, welches sich bey keinem andern Volke unverfälschter erhalten zu haben scheint, habe sie gelehrt, was für einen lächerlichen Abstich Wohnungen, die für die Ewigkeit gebaut scheinen, gegen den vorüber gleitenden Traum des Menschenlebens machen, wenn nicht ein noch näherer Grund, warum sie keine festern Wohnungen bauen, in ihrer hirtenmäfsigen Lebensart und in der Freyheit

---

6) S. *The Wonders of Nature and Art, Vol. III. Part. 3. chap. 3. pag. 360 seqq.* und die allgemeine Historie der Reisen, Th. 3. S. 178 u. f. **Moore's** Buch selbst, wovon die letztere den Auszug liefert, ist mir nicht zu Gesichte gekommen.

läge, worin sie sich erhalten wollen, den Ort zu verändern, so bald sie Ursache dazu haben. Denn ungeachtet sie auf beiden Seiten des Stromes **Gambia** unter andern Völkern des Negerlandes zerstreut leben, so sind sie doch (sagt **Moore**) von den Königen derselben unabhängig, und brechen auf, so bald ihnen übel begegnet wird.

Sie haben ihre eigenen Vorsteher, welche ihr Amt mit großer Mäßigung verwalten, und wenig Mühe haben, ein Volk, das ohne eigentliche Gesetze, bloß durch die Güte seiner Sitten regiert wird, in Ordnung zu erhalten; ein Volk, das von einer so sanften und friedsamen Gemüthsart ist, und ein so angewohntes Gefühl von Recht und Billigkeit hat, daß „derjenige unter ihnen, der etwas Böses thut, allen zum Abscheu ist, und niemand findet, der sich seiner gegen die Vorsteher annehmen oder sich bemühen wollte, ihn der Ahndung der Gerechtigkeit zu entziehen."

Da die eigentlichen Eingebornen des Landes (denn diese **Foleys** sind Fremdlinge unter ihnen) wenig Land benutzen, so sind ihre Könige willig genug, ihnen dessen so viel einzuräumen, als sie anzubauen Lust haben. Die **Foleys** sind die besten Viehhirten, und zugleich die emsigsten Pflanzer in ganz **Nigri**-

zien; und da sie bey so vieler Arbeitsamkeit sehr mäſsig leben, so ziehen sie viel mehr Korn und Baumwolle als sie selbst verbrauchen.

Sie leben also in einem Überfluſs des Nothwendigen, und machen eben den menschenfreundlichen Gebrauch davon, der ein gemeinschaftlicher Zug der patriarchalischen und Homerischen Zeiten war. Sie unterhalten nicht nur die Alten, Gebrechlichen und Unvermögenden unter sich selbst, sondern erstrecken diese Wohlthätigkeit, so weit ihr Vermögen reicht, auch auf die Mündigoer, Jalofer, und andre Völker unter denen sie leben. Sie sind gastfrey und leutselig gegen jedermann; man braucht nur ein Mensch zu seyn und ihrer Hülfe vonnöthen zu haben, um sie zu erhalten. Können wir uns wundern, daſs die Negern es für einen Segen halten, eine Pflanzstadt von Foleys in ihrer Nachbarschaft zu haben?

Bey aller dieser ausgebreiteten Menschlichkeit haben sie eine zu richtige Empfindung von ihrem eigenen Werthe, um die Mitglieder ihrer eigenen Nazion nicht vorzüglich zu lieben. Was Einem Foley begegnet, interessiert Alle, und so bald einer von ihnen das Unglück hat in Sklaverey zu gerathen, so vereinigen sich alle übrigen ihn los zu kaufen.

Sie werden selten zornig, fährt **Moore** fort, und nie hab' ich einen Foley einem andern Scheltworte sagen gehört. Und gleichwohl rührt diese Sanftmuth von keinem Mangel an Herzhaftigkeit her; denn sie sind so tapfer als irgend ein Volk in Afrika, und wissen sich ihrer eigenen Waffen mit grofser Fertigkeit zu bedienen.

Die **Foleys** sind ein wohl gebildetes Volk, und verdienen schön genannt zu werden, in so fern sich die Schönheit mit einer schwarzbraunen Farbe vertragen kann. Ihre Weiber sind angenehm, zärtlich und lebhaft, (sagt der **P. Labat**, dessen von **La Rüe** gezogene Nachrichten in vielen Stücken mit **Moore's** seinen ziemlich zusammen stimmen) sie lieben das Vergnügen, die Musik und den Tanz, und sie wissen ihre natürlichen Reitzungen durch einen Putz zu erhöhen, der, seiner (wiewohl mangelhaften) Beschreibung nach, einen Beweis giebt, dafs die **Grazien** ihren geheimen Einflufs an der **Gambia** — eben so gut als ehemahls am **Eurotas**, und noch jetzt unter den fröhlichen Einwohnern von **Scio**, und an den lieblichen Ufern des **Hebrus**, verspüren lassen.

**Moore** rühmt vorzüglich die Reinlichkeit dieses Volkes, besonders bey den Weibern; eine unter den Afrikanern nicht sehr gemeine Tugend, die in den Augen eines Engländers eben so viel Werth hat, als die Eleganz in den Augen eines Franzosen. Ihre Pflanzstädte, von denen er uns eine Abbildung gegeben hat, haben ein regelmäfsiges Ansehen, ihre Hütten stehen in gehöriger Entfernung von einander, und werden sehr sauber gehalten. Sie sind ringsum mit Baumwollenpflanzungen, und diese mit einer Verpfählung umgeben; aufserhalb derselben ist auf der einen Seite ein grofser Platz für ihr Vieh abgesondert, und auf der andern ein gleich grofser Bezirk, den sie mit Indischem Korn anbauen; und das Ganze ist mit einer undurchdringlichen Hecke gegen die Einfälle der wilden Thiere verwahrt. Man sieht, dafs hier die Kunst wenig zu thun hat; aber wer sieht nicht auch, dafs sie zum Wohlstande dieser Glücklichen nichts hinzu thun könnte?

### 6.

O meine Freunde! (läfst Diderot seinen schwärmerischen Filosofen Dorval ausrufen) wenn wir jemahls nach Lampeduse gehen, um dort, fern von der übrigen Welt, mitten unter den Wellen des Oceans ein kleines Volk von Glücklichen zu pflanzen, — —

Das hat die Natur schon lange gethan, lieber Dorval! Warum nach Lampeduse? — An die Gambia, zu diesem liebenswürdigen Volke wollen wir ziehen; dem einzigen in der Welt, bey welchem gute Menschen aufser Gefahr sind unglücklich zu werden; dem einzigen in der Welt, welches seines Daseyns froh wird; welches durch eine zum Naturtriebe gewordene Fertigkeit jede Tugend ausübt; welches niemanden beleidiget, und allen die es erreichen kann Gutes thut!

Glückliches, ehrwürdiges Volk! Volk von Menschen, die diesem Nahmen Ehre machen! Bey dir bringt die Güte der Sitten ganz allein zuwege, was Gesetze und Strafen, was Erziehung, Filosofie und Religion bey dem policiertesten Volke des Erdbodens bis auf diesen Tag nicht zu bewirken vermocht haben! Keine Vorurtheile benebeln deinen Verstand, und verhindern ihn, wie in einem reinen Spiegel, die unverfälschten Eindrücke der Natur aufzufassen! Du verfolgest, du verdammest niemand; keine blinde und grausame Parteysucht verschliefst dein Herz der rührenden Stimme der Menschlichkeit! Kein sinnloser Schwätzer, kein Sofist, der den Unrath seines Gehirns in subtile Gewebe spinnt um die sorglos flatternde Einfalt darin zu verstrikken, kein heuchlerischer Marabu, kein feiler Kadi, kein raubgieriger Bassa, haben sich wider deine Wohlfahrt zusammen verschworen! — Glückliches, dreymahl glückliches Völkchen! wer sollte nicht in Versuchung gerathen dich zu beneiden?

Was für eine feine Satire liefse sich bey dieser Gelegenheit über alle die Nazionen machen, welche von der Weisheit ihrer Verfassungen, von der Vortrefflichkeit ihrer Polizey, von ihrem grofsen Fortgang in den Künsten und in den Wissenschaften so aufgeblasen sind!

Was für eine demüthigende Vergleichung liefse sich zwischen uns Europäern und diesen ehrlichen schwarzbraunen Foleys anstellen, welche, allen unsern bewundernswürdigen Vorzügen zu Trotz, **das sind**, was wir gern **seyn möchten**; und die es blofs **defswegen** sind, weil sie keine so mühsame Anstalten machen, keine so verwickelte, aus so unzähligen Triebfedern so gekünstelt und so zerbrechlich zusammen gesetzte Maschinen spielen lassen, um zu werden, was man so leicht seyn kann, wenn man die Natur zur Führerin nimmt!

Welch ein reicher Stoff! welche Gelegenheit zu schimmernden Gedanken und feinen Sprüchen! Aber wie gesagt, wir haben keine Lust, uns auf **Gemeinplätzen** herum zu tummeln; und so schöne Sachen sich auch immer über diesen Gegenstand sagen liefsen, so möchte doch wohl schwerlich Eine darunter seyn, die nicht in den unzähligen **Utopien** und **Severambenländern**, womit wir seit mehr als zwey hundert Jahren so reichlich beschenkt worden sind, schon mehr als Einmahl gesagt, und vielleicht schon so abgenutzt worden wäre, dafs sie zu weiterm Gebrauch nicht mehr tauglich ist.

Eine Mischung von Wahrheit ist freylich immer in dergleichen Deklamazionen; aber was nützen **schielende Wahrheiten?**

**Die Natur zur Führerin nehmen!** Nichts ist leichter gesagt. — Aber wie dann, wenn ein Volk sich durch eine lange Reihe von Jahrhunderten in einer immer fortlaufenden Linie — von der Natur entfernt hat?

**Das Beste ist,** daſs dieses Volk, so gut als ein Komet der sich einmahl von seiner Sonne verlaufen hat, (wofern ihm nicht unterwegs ein aufserordentliches Unglück zustöſst) unfehlbar einmahl wieder zu ihr zurück kommen wird.

**Aber,** wird es nicht wenigstens eben so viele Jahrhunderte zum Rückweg nöthig haben?

**Vermuthlich!** — Und diese Wiederkehr zu befördern, sie zu beschleunigen, und neue Ausschweifungen zu verhindern, dazu werden wohl ganz andre moralische Kräfte als frostige oder warme Deklamazionen erfordert werden.

#### 7.

Übrigens können wir nicht unbemerkt lassen, daſs, ungeachtet Moore unsers Wissens ein sehr ehrlicher Mann, ein Mann von sehr gesunder Vernunft, und (was hier allerdings in Betrachtung kommt) weder Filosof noch Dichter, und also von allen diesen Seiten ein sehr glaubwürdiger Mann ist, — dennoch seine Nachrichten von den Foleys noch lange nicht so vollständig und befriedigend sind, als sie seyn sollten, um ein richtiges Urtheil von diesem Völkchen festsetzen zu können. Eine ungeschmückte Einfalt empfiehlt und beglaubigt seine Erzählung beym ersten Lesen; aber beym zweyten hat man so viele Fragen zu thun, und erhält so wenig Antworten auf diese Fragen, daſs man am Ende nicht halb so zufrieden mit ihm bleibt, als man es Anfangs war.

Diefs ist der Fall der allermeisten von diesen grofsen Wandersmännern. Man sieht es ihren Nachrichten und Erzählungen nur gar zu sehr an, dafs sie an nichts weniger gedacht haben, als dafs sie zu einem andern Gebrauch, als zur Zeitkürzung ihrer Leser, oder höchstens zu handelschaftlichen Aussichten, würden angewendet werden.

Hier wäre gleich der Fall, wo es sehr gut seyn würde, wenn man mit seinen eigenen Augen sehen könnte. Das Wunderbare gewinnt selten bey einer genau prüfenden Beobachtung.

Gesetzt aber auch, wir fänden die Foleys in allen Stücken so, wie sie uns Moore schildert, so würde es doch dabey bleiben, dafs dieses Völkchen vor den meisten übrigen Völkern nichts voraus hat, was es nicht vielmehr einem glücklichen Zufall als seiner Klugheit und Tugend zu danken hätte.

Gastfreyheit und Leutseligkeit gegen Fremde und Nothleidende sind auf dem ganzen Erdboden Züge, welche diejenige Klasse von Menschen bezeichnen, die von Viehzucht und Ackerbau in einigem Grade von Wohlstand leben.

Eben diefs gilt überhaupt von der Unschuld der Sitten, welche man uns von den Foleys anpreist. Diese ist allenthalben, wo Unterdrückung und Elend die Menschheit nicht zu einem Zustande, gegen den der viehische beneidenswürdig ist, herab gewürdiget hat, — verhältnifsweise auf dem Lande viel gröfser als in den Städten.

Moore giebt zu verstehen, dafs es auch unter seinen Foleys Leute giebt, welche zuweilen Böses thun. Freylich in geringer Anzahl; — weil es in einer kleinen Gesellschaft nicht so viel böse Leute geben kann als in einer grofsen; und weil eine Menge Laster, welche in der letztern, unter gewissen Umständen, nicht gänzlich ausgerottet werden können oder wohl gar geduldet werden müssen, in jener nicht einmahl moralisch möglich sind.

Im übrigen ist es sehr glücklich für die guten Foleys, dafs sie ringsum von schwachen, trägen und wenig unternehmenden Völkern umgeben sind, die überdiefs mehr dabey zu gewinnen haben, wenn sie ihnen eine Art von Freyheit lassen, als wenn sie versuchen wollten sie zu Sklaven zu machen. Sollte das letztere einmahl irgend einem Könige im Negerlande einfallen, so würde ein so kleines

Volk unfehlbar entweder auf einmahl unterdrückt, oder durch seinen Widerstand selbst nach und nach aufgerieben werden. Ihre **Sicherheit** ist also blofs **zufällig**; und was ist Glückseligkeit ohne Sicherheit? — In diesem Augenblicke vielleicht, da wir von ihnen reden, sind sie nicht mehr!

### 8.

Es war eine Zeit, da alle Völker des Erdbodens den Hauptzügen nach solche Foleys waren; da sie, in unzählbare kleine Horden abgesondert, von Jagd, Viehzucht, und einer Art von Feldbau lebten, der, nach Beschaffenheit des Landes, engere oder weitere Grenzen hatte.

Die Erfahrung hat bewiesen, daſs sich das menschliche Geschlecht nicht lange in einem solchen Zustande befinden kann. Tausend unvermeidliche Zufälle machen diese kleinen Gesellschaften nach und nach in groſse zusammen flieſsen; Zufälle, welche zu tief in der Natur des Menschen und der Dinge die ihn umgeben gewurzelt sind, als daſs man zweifeln dürfte, daſs, wofern durch eine abermahlige allgemeine Zerstörung alle Erdebewohner bis auf eine einzige Familie zusammen schmelzen würden, die **Nachkommenschaft** dieser **Stifter einer neuen Welt** mit der Zeit nicht eben diese **Zufälle** erfahren, und daſs diese Zufälle nicht eben solche **Veränderungen** veranlassen sollten, als diejenige, die mit den Abkömmlingen **Sems, Chams** und **Jafets** vorgegangen sind.

Ein kleines Volk von so einfältiger Lebensart und von so unschuldigen Sitten, als die **Foleys** sind, oder die **Negern des Priesters Abulfauaris** vor seiner Ankunft bey ihnen waren, ist unstreitig glücklich, und (wenn wir die **Vortheile, die es nicht genieſst, aber auch nicht vermiſst,** an der ungeheuern Summe der **Übel, die es nicht leidet, die es nicht einmahl kennt, und also auch nicht fürchtet,** abrechnen) glücklicher als irgend eine groſse Nazion, in dem Stande worin sich die Sachen dermahlen noch befinden, es seyn kann.

„Das ganze menschliche Geschlecht würde also glücklicher seyn als es jetzt ist, wenn es in lauter solche kleine Völkerschaften abgesondert wäre." — Ja! aber diese allgemeine Glückseligkeit würde ein **Augenblick** seyn.

Immer mag sie also einer poetischen Fantasie Stoff zu reitzenden Gemählden von einfältig schöner Natur und Arkadischen Sitten darbieten: **der Punkt kann sie nicht seyn, bey welchem wir, nach den Absichten der Natur, stehen bleiben sollen.**

**Eine vollkommnere Art von allgemeiner Glückseligkeit ist uns zugedacht.** Noch sind zwar die Erdebewohner von diesem letzten Ziel ihrer Bestimmung hienieden nur allzu weit entfernt; aber alle Veränderungen, welche wir bisher durchlaufen haben, haben uns demselben näher gebracht; alle Triebräder der moralischen Welt arbeiten diesem grofsen Zweck entgegen; und so bewundernswürdig hat der Urheber der Natur sie zusammen gestimmt, dafs ihre anscheinenden Abweichungen und Unordnungen selbst im Ganzen zu **Beförderungsmitteln** desselben werden müssen.

Äufserste Verfeinerung der schönen Künste, des Geschmacks und der Lebensart sind zugleich eine Folge und eine Ursache der äufsersten Üppigkeit und Ausgelassenheit der Sitten. Diese untergraben einen Staat so lange bis er endlich zusammen stürzt. Aber wenn sich diefs in einem Theile des Erdbodens und in einem Zeitpunkt ereignet, wo zugleich der ganze Inbegriff der aufklärenden und nützlichen Wissenschaften und Künste mit nicht wenigerm Eifer angebaut worden ist: so wird der eingesunkene Staat in kurzem neu belebt und in einer ungleich besseren Gestalt und Verfassung sich aus seinen Ruinen wieder empor heben, und, durch seine Erfahrung weise, die schwere Kunst geltend machen, die Privatglückseligkeit mit der öffentlichen dauerhaft zu vereinigen. Eine Erscheinung, von welcher, aller Wahrscheinlichkeit nach, manche die dieses lesen, noch Augenzeugen werden dürften! 7)

7) Diefs wurde vor fünf und zwanzig Jahren geschrieben. Der Anfang zu Erfüllung dieser damahls aus einer Art von Ahnung niedergeschriebenen Worte ist seit 1789 in Frankreich gemacht worden. Gebe der Himmel, dafs wir auch das glückliche Ende derselben erleben!

### 9.

Der Stand der Wilden ist die wahre Jugend der Welt, sagt Rousseau, und alle weitern Progressen sind zwar, dem Anschein nach, eben so viele Schritte zur **Vollkommenheit des einzelnen Menschen**, in der That aber zur **Abnahme, Verunstaltung und Ausmergelung der Gattung** gewesen.

Gerade das Widerspiel, guter *Jean-Jaques!* Die Vereinigung der Menschen in grofse Gesellschaften ist in vielen Stücken dem **einzelnen Menschen** nachtheilig, befördert hingegen offenbar die Vollkommenheit der **Gattung**.

**Der policierte Mensch** ist nicht so stark, nicht so gesund, nicht so behend, nicht so herzhaft, nicht so frey, nicht so zufrieden mit seinem Zustande als **der Wilde**. —

Dieſs ist von dem gröſsten Theile der ein‐
zelnen Personen in dem einen und in
dem andern Stande wahr; Rousseau selbst
hat es so gut bewiesen, als man es nur ver‐
langen kann.

Aber der policierte Mensch weiſs
sich aller seiner Kräfte unendliche Mahl bes‐
ser zu bedienen, ist unendliche Mahl geschick‐
ter seinen Wohlstand dauerhaft zu machen,
weiſs sich unendliche Mahl mehr Vergnügun‐
gen zu verschaffen, eröffnet sich tausend neue
Quellen von Glückseligkeit die dem Wilden
ganz unbekannt sind, ist unendliche Mahl
mehr Herr über die Natur, u. s. w. — Alles
dieſs ist von den meisten Einzelnen mehr
oder weniger falsch, und von der ganzen
Gattung wahr.

Rousseau hat also eine unrichtige Bemer‐
kung gemacht; und wenn etwas dabey zu
verwundern ist, so ist es, wie er sie hinschrei‐
ben konnte, ohne zu merken, wie wenig sie
die Probe hält.

Nimmermehr wird unter Wilden, oder
unter irgend einem kleinen Volke, das dem
ursprünglichen Stande noch nahe ist,
ein Palladio, ein Rafael, ein Erasmus,
ein Bakon, ein Galilei, ein Locke, ein

Shaftesbury, ein Montesquieu, ein Newton, ein Leibnitz gebildet werden. — Und wer kann so unwissend, oder so unbillig seyn, die grofsen Vortheile zu mifskennen, welche sich nur allein von zehn solchen Männern unvermerkt über ganze Nazionen ausbreiten, und mit der Zeit über die ganze Gattung ausbreiten werden?

Bedürfnisse und Talente vermehren und verfeinern sich in **grofsen** oder wenigstens **empor strebenden** Gesellschaften, durch eine wechselsweise Wirkung in einander, ins unendliche. Die Liebe zur Bequemlichkeit und zum Vergnügen, die Begierde sich in Achtung zu setzen und Einflufs zu haben, — um der Vortheile zu geniefsen die damit verbunden sind — (denn welcher unter uns bekümmert sich um die Achtung der **Japaner?**) nöthigt Hunderttausende zu einer Anstrengung ihrer Kräfte, die dem Ganzen nützlich wird; und so wird durch den feinsten Mechanismus der Natur die **Trägheit** selbst, deren Gewicht den Wilden zu den Thieren herab zieht, in der bürgerlichen Gesellschaft zu einer **Quelle** wetteifernder **Thätigkeit.**

Ohne Vereinigung kleiner Gesellschaften in grofse, ohne Geselligkeit der Staaten und Nazionen unter einander, ohne die unzähligen

**Kollisionen** der mannigfaltigen Interessen aller dieser gröfsern und kleinern **Systeme der Menschen**, würden die edelsten Fähigkeiten unsrer Natur ewig im Keim eingewikkelt schlummern.

Ohne sie würde die Vernunft des Menschen nie zur Reife gelangen, sein Geschmack immer roh, seine Empfindung immer thierisch bleiben. Mit gedankenlosen Augen würde er ewig den gestirnten Himmel anschauen, ohne sich träumen zu lassen, dafs er fähig sey die Bewegungen dieses unermefslichen Uhrwerks zu berechnen. Seine Stimme würde niemahls ein Mittel geworden seyn, seinen geistigsten Gedanken einen Leib zu geben, und die leisesten Regungen seines Herzens andern verständlich zu machen. Tausend bewundernswürdige Künste würden, in seinem Gehirne begraben, von seinem plumpen Witz nicht entdeckt worden, und seiner ungeübten Hand unmöglich geblieben seyn. Die **Musen** würden seinen Geist nicht verschönert, die **Grazien** seine Freuden nicht veredelt, die **Wissenschaften** ihn nicht auf den Weg geleitet haben, sich die ganze Natur zu unterwerfen. Welche Vortheile für die **Gattung**! Wie ist es möglich sie zu mifskennen?

Und wie wenig kommen dagegen die zufälligen Übel, welche mit dem gesellschaftlichen

Stande verbunden sind, in Betrachtung, wenn wir erwägen, daſs eben in jenen wohlthätigen Ursachen auch die bewährtesten Mittel gegen diese liegen; daſs, vermöge der Natur der Dinge, so wie jene steigen, diese abnehmen, und jeder Schritt, den wir zur Vervollkommnung der Gattung thun, eine Quelle von fysischen oder sittlichen Übeln stopft, welche der allgemeinen Glückseligkeit hinderlich waren!

## 10.

Es ist wahr, alles, was, von dem **Hermes der Ägypter** an, durch die weisesten und wirksamsten Geister, durch die **Heroen**, durch die **Gesetzgeber**, durch die **Erfinder**, durch alle Arten von **Genien**, durch alle Arten von Triebfedern der moralischen Welt, **zum allgemeinen Besten der Gattung** bisher gewirkt worden ist, besteht nur in **Bruchstücken**, in **Materialien**, welche zum Theil noch roh, zum Theil mehr oder weniger bearbeitet da liegen.

Aber es ist eben so wahr, dafs diese Materialien nur auf die Vereinigung **günstiger Zufälle** mit der zusammen gestimmten Thätigkeit **grofser Seelen** warten, um zu dem einzigen Werke, was würdig ist jede fühlende und denkende Seele zu begeistern, zu einem allgemeinen Tempel der Glückseligkeit des menschlichen Geschlechts aufgeführt zu werden.

Religion, Wissenschaften, und ihr, liebenswürdige Künste der Musen! — ihr habt in der Kindheit der Welt die rohen, verwilderten Menschen gezähmt, in Städte vereiniget, Gesetzen unterwürfig gemacht, und mit der edeln Liebe eines gemeinschaftlichen Vaterlandes beseelt! — Eurer freundschaftlich vereinigten Wirksamkeit ist es aufbehalten, das grofse Werk zur Vollendung zu bringen, und aus allen Völkern des Erdbodens, — dieses Sonnenstaubs in dem grenzenlosen All der Schöpfung — Ein Brudergeschlecht von Menschen zu machen, welche durch keine Nahmen, keine Wortstreite, keine Hirngespinste, kein kindisches Gebalge um einen Apfel, keine kleinfügige Absichten und verächtliche Privatleidenschaften, wider einander empört, — sondern von dem seligen Gefühl der Humanität durchwärmt, und von der innigen Überzeugung, dafs die Erde Raum genug hat alle ihre Kinder neben einander zu versorgen, durchdrungen, einander alles Gute willig mittheilen, was Natur und Kunst, Genie und Fleifs, Erfahrung und Vernunft, seit so vielen Jahrhunderten auf dem ganzen Erdboden, wie in ein allgemeines Magazin, aufgehäuft haben. **Eurer freundschaftlich vereinigten Wirksamkeit** ist es aufbehalten, dieses glorreiche Werk zu Stande zu bringen, sage ich. Denn, **getheilt**, oder durch unselige Vorurtheile **entzweyt**, und mit euch selbst im Streite, werdet ihr nimmermehr, nimmermehr das wahre Ziel eurer Bestimmung erreichen! **Getheilt** werdet ihr ewig, wider eure Absicht, **Böses stiften; vereinigt werdet ihr alle Menschen glücklich machen!**

**Schwärme ich?** — Es sollte mir leid seyn, wenn nur Einer von denen, welche **vorzüglich** dazu berufen sind auf ein so edles Ziel zu arbeiten, denken könnte, daſs der einzige allgemeine Endzweck der Natur, der sich denken läſst wenn überall ein Plan und eine Absicht in ihren Werken ist, eine Schimäre sey.

Ist es eine Schimäre — nun so wissen wir, was wir von dieser sublunarischen Welt zu denken haben.

So macht Alles zusammen genommen eine so schale, so bürleske, so sinn- und zwecklose **tragi-komische Pastoral-Farce** aus, daſs man alle Harlekins, Mezzetins und Bernardons der Welt getrost aufbieten kann, eine schalere zu erfinden! So sind alle Narren weise Leute, und die Sokrates und Aristoteles, die Epaminondas und Timoleon, von jeher die einzigen Narren in der Welt gewesen! — —

Welches der Himmel verhüten wolle!

ÜBER DIE

# VORGEBLICHE ABNAHME

DES

# MENSCHLICHEN GESCHLECHTS.

―――――――――

1777.

# 1.

Jedes gebildete Volk hat seine **fabelhafte und heroische Zeit** gehabt, aus welcher seine spätern Dichter den **Stoff** zu wundervollen Gesängen, Erzählungen und Schauspielen hergenommen haben; eine Zeit von Halbgöttern, **Riesen** und Helden, gegen welche wir armen Wichtchen der **historischen** Zeit eine so demüthige Figur machen, dafs wir (um so bald als möglich aus der Verlegenheit zu kommen) uns nicht besser zu helfen wissen, als die ganze Geschichte dieser Wundermenschen für **Mährchen** zu erklären.

Gleichwohl finden sich auf der andern Seite starke Gründe, zu glauben, dafs diese **Heroen** jeder Nazion einmahl **wirklich** da waren, **wirklich** grofse Menschen waren, und Dinge thaten, die **wir** — weil sie über **unsre Kräfte gehen — erstaunlich** finden, wiewohl sie ihnen selbst sehr natürlich vorkamen; ja, dafs sie in der That noch weit gröfser, als wohl die meisten spätern Dichter und Romanschreiber in ihrem höchsten Taumel sich einbilden konnten, — und mit allem dem doch — weder Götter noch Halbgötter, sondern blofse Menschen waren, wie wir zu ihrer Zeit und in ihren Umständen ohne Zweifel auch gewesen wären.

Das ganze Geheimnifs liegt darin, dafs sie noch **unzerdrückte** und **ungekünstelte**, noch **gesunde, ungeschwächte, ganze Menschen** waren.

Wo die Natur noch frey und ungestört wirken kann, da macht sie keine andre als solche: und wenn für jedes policierte und verfeinerte Volk einmahl eine Zeit gewesen ist, wo es noch unpoliciert und unverfeinert war; so steigt die Geschichte eines jeden solchen Volkes (seine ältesten Urkunden mögen verloren gegangen seyn oder nicht) bis zu einem Zeitalter hinauf, wo es aus einer Art Menschen bestand, deren Existenz nach einer langen Reihe von Jahrhunderten endlich fabelhaft scheinen mufs.

Ein frey stehender Mensch kann sich ausdehnen und wachsen, kann zu dem Grade von Gröfse, Stärke und Tauglichkeit gelangen, wozu er die Anlage auf die Welt gebracht hat. Damit diefs wirklich geschehe, müssen freylich mancherley äufsere Ursachen mitwirken. Er mufs, zum Beyspiel, weder an dem, was zur Unterhaltung und Entwicklung seiner Kräfte nöthig ist, **Mangel leiden**, noch mufs es ihm **gar zu leicht** werden, sich diese Nothwendigkeiten zu verschaffen.

Der armselige Zustand der Bewohner von **Feuerland**, der ewige Druck gegenwärtiger Noth ohne Hoffnung es jemahls besser zu haben, ist dem Wachsthum des Menschen zu seiner natürlichen Vollkommenheit eben so nachtheilig und noch mehr, als das allzu freygebige und wollüstige Klima von **O-Tahiti**, das seine Einwohner in ewiger Kindheit erhält, oder als die üppige Lebensart einer grofsen **Königsstadt**.

Der Mensch, der alles seyn soll wozu ihn die Natur machen wollte, mufs alles erdulden können was ihm Natur und Nothwendigkeit auflegen; aber sein gewöhnlicher Zustand mufs überhaupt glücklich, und sein Gefühl für die Freuden des Lebens und das Vergnügen da zu seyn, mufs offen und unabgestumpft seyn. Sein Nacken mufs sich nie unter die **Willkühr** eines andern gebeugt haben; er mufs immer unter seines gleichen, das ist unter Menschen, die nichts sind als was er auch ist oder werden kann, gelebt haben; aber auch mit bessern als er ist, damit der Vorzug, den diesen ihre gröſsere **Tauglichkeit** giebt, ihn immer zur Nacheiferung und zum Wettstreit auffordere.

Alles dieſs setzt eine **Epoche der Nazionalverfassung** voraus, wo die **Sicherheit** mehr das Werk unsrer eignen Stärke und persönlicher Verbindungen als der **Gesetze** ist; wo Fürsten und Könige nur die **ersten unter ihren Pairs** sind; wo jeder gilt was er werth ist, jeder wagt was er sich auszuführen getraut, jeder so gut oder böse seyn darf als ihn gelüstet; wo das Leben eines Mannes das Leben eines **Kämpfers** ist, eine fortgehende Kette von Abenteuern, ein ewiges **Drama**, gedrängt voll von Handlung und Zufällen und Wagestücken, voll wider einander rennender oder sich mit groſser Gewalt an einander reibender Leidenschaften; wo der **Knoten** meistens mit dem Schwert aufgelöst, und die **Katastrofe** immer die Wurzel neuer Verwirrungen wird.

Eine solche Epoche findet sich in den ältesten Jahrbüchern jeder policierten Nazion: und könnten wir heutigen Europäer, oder vielmehr unsre Abkömmlinge, (wie es denn gar nichts unmögliches ist) vor lauter grenzenloser Verfeinerung und Filosofie und Geschmack, und Verachtung der Vorurtheile unsrer Grofsmütter, und Weichlichkeit und Übermuth und Narrheit, es endlich wieder so weit bringen, in Wäldern (wenn es anders bis dahin noch Wälder giebt) **einzeln und gewandlos auf allen Vieren herum zu kriechen und Eicheln zu fressen;** so wird dann auch, über lang oder kurz, die Zeit wieder kommen, wo die Nachkommen dieser neuen Europäischen Wilden gerade wieder die freyen, wackern, kühnen, biederherzigen Leute seyn werden, deren Sitten und Lebensart Tacitus — seinen nervenlosen Römern zum Verdrufs, und zur Demüthigung ihrer kleinen flattrigen, gaukelnden, niedlichen Puppenseelchen — in einem so prächtigen Gemählde darstellte.

In einer solchen Zeit, unter einem solchen Volke ungeschliffner, aber freyer, edler, starker, gefühl- und muthvoller Menschenkinder, müssen freylich die stärksten, die edelsten, mit Einem Worte, die Besten, gar herrliche Menschen seyn. Ganz natürlich, dafs das Andenken dessen was sie waren und thaten sich Jahrhunderte lang unter ihrem Volke lebendig erhält; dafs der Grofsvater mit verjüngender Wärme seinen horchenden Enkeln

Geschichten davon erzählt; daſs diese Geschichten in Gesängen und Liedern von einem Geschlechte zum andern übergehen; und daſs man desto mehr davon singt und sagt, je weiter sich die Nazion von jenem **Helden-Alter** entfernt, je näher sie dem Zeitlaufe der Policierung und Verfeinerung kommt, und je weiter sie darin fortschreitet. **Natürlich**, daſs endlich eine Zeit kommen muſs, wo man sich diesen groſsmächtigen Menschen so ungleich fühlt, daſs man an ihrem ehemahligen Daseyn zu zweifeln anfängt, und alle seine Einbildungskraft aufbieten muſs, um sich eine Vorstellung von ihnen zu machen; daſs eben deſswegen diese Vorstellungen unwahr, übertrieben und romanhaft, kurz, daſs aus den **wahren, groſsen Menschen der Vorwelt** — **fabelhafte Götter und Göttersöhne, Riesen und Recken, Amadise und Rolande** werden.

2.

Allein diese Zeit kommt nicht auf einmahl; die Ausartung kann nicht anders erfolgen als stufenweise. Die nächsten zwey oder drey Menschenalter auf jene Heroen müssen natürlich, in Vergleichung mit viel spätern noch weit mehr ausgearteten Nachkömmlingen, noch sehr grofse Menschen hervorbringen. Aber wer in solchen Zeiten etliche Generazionen überlebt hat, mufs den Unterschied schon merklich finden.

Die Ritter der Tafelrunde des Königs Artus waren gewaltige Männer in Ritterschaft, hatten noch viel von dem hohen Muthe, ja selbst noch einen Überrest von der Treue und Biederherzigkeit ihrer Vorfahren. Aber was für eine Figur machen sie mit allem dem gegen den alten Branor, der in einem Alter von mehr als hundert Jahren noch Stärke genug hatte, sie alle aus dem Sattel zu werfen! Und wie noch armseliger stehen sie vor ihm da, nachdem er ihnen an seinem Freunde, Geron dem Adelichen, ein Muster von Treue und

Aufrichtigkeit und Grofsherzigkeit vor die Stirne gestellt hat, dessen Anblick und stille Vergleichung mit sich selbst (die er, wie billig, ihrem eigenen Gewissen überläfst) ihnen das beschämendste Gefühl, wie klein sie gegen ihn sind, geben mufs!

Eine ganz ähnliche Bewandtnifs hat es mit den Helden und Menschen, die uns **Homer** in seiner Ilias und Odyssee schildert. Was für Männer gegen die spätern, durch ihre geschwätzige Filosofie, schönen Künste, Handelschaft und Reichthümer verfeinerten Griechen! Keiner, bis auf den **göttlichen Schweinhirten Eumäus**, den der Dichter nicht durch diefs hohe Beywort (der göttliche) über die Menschen vom gemeinen Schlage seiner Zeit erheben mufste, um ihm sein Recht anzuthun.

Aber wie mit ganz andern Augen sieht die **Helden der Ilias** der alte **Nestor** an, dem seine hohen Jahre das Recht geben, einem **Agamemnon** und **Achilles** und **Diomedes** und **Ajax** ins Gesicht zu sagen: „Ich habe mit andern und bessern Männern gelebt als ihr seyd — Nein, solche Männer habe ich nie wieder gesehen, und werde keine solche wieder sehen, wie Peirithoos und Dryas, der Hirt der Völker, und Käneus, und Exadios, und der göttliche Polyfemos, und Theseus der Ägeide, der wie der Unsterblichen einer war." —

Man sieht, Homer und Nestor hatten schon einen sehr verschiedenen Mafsstab. Die Männer, die Homer göttlich nennt, sind in Nestors Augen, gegen jene, die Er dieses Beynahmens würdig hält, nur gewöhnliche Menschen. Und ganz natürlich, da sie zu den Helden des Jahrhunderts vor dem Trojanischen Kriege sich ungefähr eben so verhielten, wie die Griechen zu Homers Zeiten gegen die Zerstörer von Troja.

Dieser selbst so grofse Mann hatte in einem Zeitpunkt, der in unsern Augen noch heroisch genug ist, schon ein starkes Gefühl von der Abnahme der Menschheit in seinen Tagen. Diomedes hebt (im fünften Buche der Ilias) einen Stein auf, und schleudert ihn unter die Feinde, der so schwer war, (sagt Homer) „dafs ihn zwey Männer, wie die Menschen jetzt sind, nicht tragen könnten."

Virgil — der ungefähr neun Jahrhunderte nach Homer lebte, in einer Zeit, da die Üppigkeit und die Ausartung in Rom der höchsten Stufe schon nahe waren — fühlte die Menschen seiner Zeit gegen die Helden der

Trojanischen so klein und schwach, dafs er, um im gehörigen Verhältnisse zu bleiben, aus Homers zweyen zwölf solcher Männerchen, wie man sie im goldnen Jahrhundert Augusts sah, machen mufste. Freylich mag er wohl daran zu viel gethan haben, da hier blofs von der körperlichen Kraft eine gewisse Last aufzuheben die Rede ist: aber wenn seine Absicht war, das Verhältnifs jener Helden gegen die gewöhnlichen Menschen seiner Zeit überhaupt, oder nach der ganzen Summe der Naturkräfte, so weit sie in einem Menschen gehen können, anzudeuten; so möchte sich wohl behaupten lassen, dafs er nicht zu viel gesagt habe; und dafs zum Beyspiel ein Mann wie Diomedes, nackend und ohne Waffen, gegen zwölf junge Herren vom Hofe Augusts, ebenfalls *in Naturalibus*, kämpfend, die artigen Herren mit eben so weniger Mühe nach einander ins Gras hingestreckt hätte, als es ihm leicht war den Stein aufzuheben und fortzuschleudern, den keiner von ihnen nur von der Stelle hätte rücken können.

### 3.

Man erlaube mir hier eine kleine Abschweifung, die uns nicht weit von der Hauptsache führen soll.

In den Zeiten der Entnervung der Menschheit durch Üppigkeit und alle übrigen Folgen des Reichthums und der höchsten Verfeinerung oder Überspannung, [1]) ist es weniger die körperliche Schwäche als **die Abwürdigung und Entkräftung der Seelen**, die Stumpfheit ihres innern Sinnes für das wahre Grofse, was sie gegen die herr-

---

1) Diefs letzte war eigentlich der Fall der Römer; aber die Folgen von beiden sind am Ende ziemlich ähnlich; nur dafs **Erschlaffung aus Überspannung** bey weitem ein schlimmerer Zustand ist als **Schwäche aus Verfeinerung**.

lichen Naturmenschen der Vorwelt so klein erscheinen macht. Wie sollten sie das Vermögen haben zu thun was diese vermochten, da sie nicht einmahl fähig sind das Grosse in den edelsten Gesinnungen oder Handlungen derselben zu fühlen?

Plutarch hat uns in seinem Leben des Pompejus ein sehr auffallendes Beyspiel hiervon aufbehalten, das einen Zug von Achills Betragen in der grosen entscheidenden Scene der Ilias betrifft. Um meine Leser darüber selbst urtheilen zu lassen, muſs ich diese Scene mit zwey Worten in ihr Gedächtniſs zurück rufen. Die Trojer alle haben sich vor der Wuth des Achilles hinter die Mauern ihrer Stadt geflüchtet; die Thore sind verschlossen; nur der einzige Hektor ist auſser den Mauern zurück geblieben, entschlossen zu sterben oder dem Zerstörer seines Volkes das Leben zu nehmen; das Griechische Heer steht in einiger Entfernung gegen über, und die Götter schauen schweigend vom Olymp herab. Hektor, unerbittlich dem Flehen seines Vaters und seiner Mutter, steht und erwartet den kommenden Feind. Aber indem Achilles, „dem Gott der Schlachten gleich, in seinem Harnisch, der wie lodernd Feuer oder wie eine Morgensonne Strahlen wirft, den furchtbaren Speer in seiner Rechten schwingend, auf ihn zugeht," — überfällt ein ungewohntes Entsetzen **Hektorn**; ihm entsinkt der Muth, der ihn zur letzten Hoffnung seines unglückseligen Volkes und Hauses machte; er kann den Anblick des Stärkern, der über ihn gekommen ist, nicht ertragen, er flicht. Dreymahl jagt ihn **Achilles** rund um die Mauern von Troja, und so oft der verstürzte Hektor, Hülfe von den Seinigen zu erhalten, sich innerhalb eines Pfeilschusses den Thürmen nähern will, treibt ihn jener wieder ins offne Feld gegen die Stirne des Griechischen Heeres zurück — winkt aber zugleich den Seinigen mit dem Kopfe, und wehrt ihnen, mit Pfeilen nach Hektorn zu schiefsen, „**damit nicht ein andrer ihm den Ruhm wegnähme, Hektorn erlegt zu haben; und Er nur der Zweyte wäre.**"

Wer die Ilias auch nur mit dem mäfsigsten Antheile von Menschensinn gelesen hat, mufs fühlen, dafs Achilles nicht Achilles hätte seyn müssen, wenn es ihm in diesem glorreichen entscheidenden Augenblicke hätte gleichgültig seyn sollen, ob die Seele seines Freundes **Patroklus** und aller übrigen Griechen, welche Hektor zum Orkus gesendet hatte, durch **ihn** oder einen andern gerochen würde, und Troja durch **seine** oder eines andern Hand fiele. Gleichwohl (spricht **Plutarch**) fanden sich Leute, [2] die in diesem Gefühl und Betragen des Achilles etwas unendlich kleines fanden. „Achilles, sagten sie, thut hier nicht die That eines Mannes, sondern eines thörichten nach Ruhm schnappenden Knaben." Die feinen Moralisten! Nach dem hohen Ideal dieser Schulmeister hätte es Achillen gleich viel seyn sollen, wer Hektorn erlegte, Er oder **Thersites**, wenn die That nur gethan würde; denn „dem Weisen ists ja nie um **sich**, sondern immer nur um **die Sache selbst** zu thun!" — O die *Graeculi,* die *Graeculi!* Wie sehr Achill zu beklagen ist, daſs er kein **Stoiker** war! daſs er zu früh in die Welt kam, um bey einem **Chrysippus** oder **Posidonius** in die Schule zu gehn, und zu lernen, was für eine kindische Sache es um die **Leidenschaften** ist! — Freylich, in den wilden Zeiten, worin er das Unglück hatte geboren zu werden, wuſsten die Leute noch wenig von guter Lebensart. Da zankten Könige

---

2) Er sagt uns nicht, wer sie waren; die Rede ist aber von denen, die den **Pompejus** wegen eines gewissen wirklich unedlen Verfahrens in dem Kriege mit den Seeräubern tadelten. Wahrscheinlich waren es nicht weise **Römer,** wie **Dacier** meint, sondern *Graeculi,* Moralisten von Profession, von den scharfsichtigen Herren, die den Wald vor den Bäumen nicht sehen können.

und Feldmarschälle sich noch im bittersten Ernst um — eine hübsche Dirne, geriethen um so einer Kleinigkeit willen in solche Wuth, dafs sie, mit Hintansetzung aller Wohlanständigkeit, einander schimpften wie die Karrenschieber. — Da setzte sich der göttliche Achill ans Ufer hin und weinte wie ein kleines Mädchen, dafs ihm Agamemnon seine Puppe genommen, oder (was in den Augen eines stoischen Schulmeisters auf Eines hinaus lief) dafs ihm die Griechen seinen verdienten Antheil an der Beute, an deren Gewinnung er sein Leben gesetzt, wieder weggenommen und ihn dadurch beschimpft hatten, u. s. w. Welche Thorheiten! welche Kindereyen! Und der einfältige Homer, der selbst Kind genug war aus solchen Kindern seine Helden zu machen, liefs sich so wenig davon träumen, wie irgend eine grofse Natur ohne Leidenschaft seyn könnte, dafs er auch sogar **seine Götter** mit eben so läppischen Leidenschaften begabte — wofür ihm denn auch **Plato**, **Cicero** und so viel andere grofse Männer, (die zwar weder Iliaden **gethan** noch Iliaden **gedichtet** haben) nach Verdienen den Text gelesen haben! — Doch freylich, was können am Ende Homer und seine Helden dafür? Sie trugen die Last ihrer Zeiten, wo die Menschen noch waren wie sie die **blofse Natur** macht — wie sie in dem groben ungeschliffnen Zustand eines Volkes, das noch Nerven hat, seyn können. Ach! die Nerven, die Nerven! die sind immer (wie Herr Pinto weislich bemerkt hat) an allem Übel schuld! Man kann daher nicht genug eilen, sie ihrer unbändigen, so viel Unheil in der Welt stiftenden Schnellkraft zu berauben! Denn, haben wir nur **diese** erst einmahl weggeschwelgt oder wegfilosofiert oder weggetändelt, oder auf welche Art es sey aufser Aktivität gesetzt: dann räckeln wir uns hin, und, weil wir keine Nerven mehr haben um zu lieben oder zu hassen, **vernunften** oder faseln wir über die Herrlichkeit der **Wesen ohne Sinne und Leidenschaften;** — und, weil wir keine Nerven mehr haben etwas zu unternehmen und auszuführen, beweisen wir, dafs der Weise weder Hand noch Fufs regen, sondern blofs **zuschauen** müsse; und, weil wir ohne Nerven sind, und in dem Staate, worin wir zu leben die Ehre haben, auch keine nöthig haben, sondern Drahtpuppen, *nervis alienis mobilia ligna*, sind, schwingen wir uns über die parteyischen kleinfügigen **Bürgertugenden** hinweg, und — schwatzen von **allgemeiner Weltbürgerschaft.** — Kurz, je mehr wir durch die Abschälungen und Abstreifungen, die man mit uns vorgenommen, verloren haben, je spitzfindiger werden wir, uns zu beweisen: dafs ein Mensch desto **vollkommner** sey, je **abgestreifter er ist,** das ist, je weniger er zu verlieren hat; so daſs einer erst dann ganz vollkommen wäre, wenn er gar nichts mehr zu verlieren hätte, das ist, wenn er gar nichts mehr wäre; — welches bekannter Maſsen das höchste Gut gewisser Fakirn und Schüler des Fohi in Indien und allerdings *ultima linea rerum*, die unterste Stufe der Abnahme des menschlichen Geschlechts ist, der wir, leider! zwar immer näher und näher kommen, sie selbst aber vermuthlich doch niemahls völlig erreichen werden.

---

### 4.

In dem Kreise, worin uns die Natur ewig herum zu drehen scheint, lassen sich gleichsam **zwey Pole** angeben, wovon der eine den **höchsten Punkt** der natürlichen Gesundheit, Größe und Stärke des Menschen, und der andre den **tiefsten Punkt** der Kleinheit, Schwäche, Erschlaffung und Verderbniß bezeichnet. Jedes Volk in der Welt (dünkt mich) **ist** dazu gekommen, oder **wird** dazu kommen, sich **erst** auf dem einen und **endlich** auf dem andern dieser Punkte zu befinden.

Und wo suchen wir nun den ersten dieser Zeitpunkte, den **Zenith der natürlichen Vollkommenheit des Menschen?** — Wahrlich nicht in den gepriesenen goldnen Altern der Filosofie und des Geschmacks, nicht in den Jahrhunderten **Alexanders, Augusts, Leons X.** und **Ludwigs XIV.** Das kann wohl niemanden mehr einfallen, der diese goldnen Zeiten ein wenig genauer angesehen, und nur einen Begriff davon hat, was Mensch ist und seyn kann. Auszierung, Einfassung, Schminke und Flitterstaat machen es nicht aus; etliche gute Mahler, Bildhauer, Poeten und Kupferstecher wahrlich auch nicht! Man zeige mir in einem von diesen Jahrhunderten den Mann, der sich vor Karln dem Grofsen, dem Sohn eines barbarischen Zeitalters, (wie wirs, den Griechen nachplappernd, zu nennen pflegen) nicht zur Erde bücken müsse! Man messe (alle Umstände gegen einander gleich gewogen) die Alcibiaden, Alexander, Cäsarn, (für die ich meines Orts übrigens allen Respekt habe) und neben Ihm werden sie kleiner scheinen; wie Lanzelott vom See und seine Genossen neben dem alten Branor, der eines ganzen Hauptes länger war als sie alle, — wie die alte Geschichte sagt.

Ich vergesse nicht, dafs es unbillig wäre, Karln die Tugenden seiner Zeit, und jenen Griechen und Römern die Untugenden der ihrigen ohne Abzug anzurechnen. Aber es ist auch hier nicht vom persönlichen Vorzuge dieser grofsen Menschen, (wiewohl ich glaube, dafs Karl auch von dieser Seite der gewinnende Theil seyn würde) sondern von dem Vorzuge der Zeiten die Rede — und gewifs gebührt er derjenigen, wo man der künstlichern Ausbildung und Aufstutzung eben darum nicht bedarf, weil die Natur noch alles thut.

Ich weifs ungefähr, was sich zum Vortheil der Verfeinerung in Sitten und Lebensart, die wir den grofsen Monarchien und Hauptstädten, dem Luxus, der Nachahmung der alten Griechen und Römer, dem Handel, der Schifffahrt, und so weiter, zu danken haben, — und was sich gegen die rohe Lebensart und die derben Sitten der Patriarchen - Helden - und Ritterzeit, sagen und nicht sagen läfst. Es ist eine ausgedroschne, erschöpfte Materie, an der ich weder mehr zu dreschen noch zu saugen Lust habe. Aber hier ist die Frage: in welcher von beiden die Menschheit lautrer, gesunder, stärker und sogar gefühlvoller gewesen sey? — Denn unsre **alkoholisierte** und so oft nur **affektierte** Empfindsamkeit, die wir voraus zu haben glauben, ist nur ein schwaches **Surrogat** für die lebendigen, starken, voll strömenden Gefühle der Natur. Oder vielmehr es ist **keine Frage**: die Sache spricht für sich selbst; und niemand, so sehr ihn auch die Last unsrer Zeit zusammen gedrückt oder der Taumel unsrer vermeinten Vorzüge verdumpft haben mag, kann nur einen Augenblick anstehen, auf welche Seite er entscheiden soll.

### 5.

Wir sind also, leider! nicht mehr was unsre Vorväter waren. *Fuimus Troes!* Wir gewinnen im Kleinen, und verlieren im Grofsen. Unsre Abnahme, unser Verfall, ist schon seit Jahrhunderten die allgemeine Klage. Alles diefs ist ausgemacht. Aber, liegt die Ursache davon in der Natur selbst, die, wie Lukrez meint, als eine durch viele Geburten geschwächte Mutter, nicht mehr Kräfte genug hat so grofse Körper und gewaltige Thiere hervorzubringen wie vormahls? Oder liegt sie in äufsern Ursachen, und ist eine nothwendige Folge des ewigen Wechsels der menschlichen Dinge? — Erstreckt sie sich auf die Menschheit überhaupt, oder trifft sie nur besondere Völker und Zeiten? Giebt es irgend einen Punkt, wo sie still steht? einen Kreislauf, der uns wieder dahin zurück bringt, wo wir schon gewesen sind? Oder hat diese fatale Abnahme keine Grenzen? Haben wir von **Adam** und **Even** an abgenommen, und werden so lange, von Generazion zu Generazion, immer kleiner, schwächer, und verkrüppelter werden, bis endlich (wie es einst der Nymfe **Eccho** und dem Zauberer **Merlin** erging) nichts als eine blofse Stimme, und zuletzt (wenn auch diese ausgetönt haben wird) gar nichts mehr von uns übrig ist?

Eine kurze Fortsetzung meiner bisherigen Betrachtungen wird uns eine, wie mirs scheint, sehr natürliche Auflösung dieser Fragen an die Hand geben.

## 6.

Wie alle Meinungen der Menschen, selbst die ungereimtesten, sich immer auf irgend eine Thatsache stützen; und wie wir Sterbliche fast immer nicht durch das was wir sehen, sondern durch das was wir daraus schliefsen, betrogen werden: so scheint es auch hier ergangen zu seyn. Man bemerkte von einem gewissen Punkte bis zu einem andern eine stufenweise Abnahme; und nun schlofs man: die Menschen haben also immer abgenommen, und werden immer abnehmen; haben schon zu Homers, ja schon zu des Patriarchen Jakob Zeiten abgenommen; sind folglich desto gröfser und vollkommner gewesen je näher sie dem Ursprung der Menschheit waren, und werden desto schlechter, je weiter sie sich davon entfernen. Und nun liefs man die Einbildungskraft ausrennen.

Ich will — um die Sache durch ein etwas kurzweiliges Beyspiel zu erläutern — nur bey einem einzigen Vorzug verweilen, den ein fast allgemeiner Glaube den Menschen der ältesten Welt einräumt — nehmlich dem Vorzug einer **ungeheuern körperlichen Gröfse**. Wir wollen sehen, was wohl an der Sache seyn mag, und mit welchem Grunde sich daher auf die Abnahme der menschlichen Gattung schliefsen läfst.

Nach dem Berichte der **Talmudisten** war **Adam**, selbst nach dem leidigen Fall, (wodurch er auch in diesem Stück unendlich viel verlor) noch immer **neun hundert Ellen** hoch; so dafs ein **Swiftischer Brobdignak** gegen ihn nur ein **Lilliputter** gewesen wäre. Die **Araber** (nach der Erzählung des Wanderers **Monkonys**) machen sich keinen viel kleinern Begriff von der Gröfse unsrer ersten Stammältern; denn sie zeigen bis auf diesen Tag drey Berge oder Hügel in der Ebene von Mekka, auf deren einen **Eva** ihren **Kopf**, und auf die beiden andern (welche zwey Musketenschüsse weit von jenem abstehen) ihre **Knie** bey einer gewissen Gelegenheit gestützt haben soll. 3) — Doch man weifs, dafs die Morgenländer starke

---

3) *Dictionaire de Bayle*, *article Adam.*

Liebhaber vom Vergröſsern sind. Wir wollen uns also an einen neuern abendländischen Gelehrten halten, der sich viele Mühe gegeben hat, auf den Grund der Sache zu kommen.

Herr Nikolaus Henrion, Mitglied der *Academie des Inscriptions* zu Paris im ersten Viertel dieses Jahrhunderts, ein Mann, der eine groſse Stärke in den morgenländischen Sprachen besessen haben soll, arbeitete viele Jahre Tag und Nacht an einem groſsen Werke über Maſse und Gewichte aller Zeiten und Völker des Erdbodens. Es war seine Lieblingsbeschäftigung; aber je mehr er Entdeckungen machte, und je tiefer er sich in die alte Welt hinein grub, je mehr wuchs seine Arbeit ins unermeſsliche; und so überraschte ihn der Tod, eh' er damit zu Stande kommen konnte. Der Umstand, daſs alle Völker von jeher mit Füſsen gemessen haben, brachte ihn auf Untersuchung der verschiedenen Gröſse des menschlichen Fuſses, und diese auf Ausmessung der ganzen Gröſse der Menschen in verschiedenen Zeitaltern. Im Jahre 1718 brachte er der Akademie eine kronologische Tabelle der Verschiedenheiten der Länge des menschlichen Körpers, von Erschaffung der Welt an bis zur christlichen Zeitrechnung, so wie er sie nach seinen vermeinten Entdeckungen ausgerechnet hatte. Vermöge derselben hätten sich zwar die Rabbinen um etwas verrechnet; jedoch bliebe unsern Stammältern immer noch eine sehr ansehnliche Länge. **Adam** war, nach **Henrions** Tabelle, ein hundert drey und zwanzig Fuſs neun Zoll Pariser Maſs, und **Eva** ein hundert und achtzehn Fuſs, neun und drey Viertel Zoll lang; beide also ungefähr achtzehn bis zwanzig Fuſs länger als der berühmte **Koloſs zu Rhodus**. Bey der **neunten** Generazion zeigte sich bereits eine merkliche Abnahme; **Noah** hatte schon zwanzig Fuſs weniger als Adam: und bey der **neunzehnten** schrumpfte das Menschengeschlecht vollends zu wahren Zwergen ein; denn Vater **Abraham** maſs nur noch sieben und zwanzig bis acht und zwanzig Fuſs. Nun wurden die Zeiten immer schlechter, so daſs für **Mose** nur dreyzehn und für den **Thebanischen Herkules** 4) kaum zehen Fuſs blieben. **Alexander der Groſse** muſste sich an sechs Fuſs begnügen lassen; und **Cäsar** (zu dessen Zeiten man die Gröſse eines Mannes schon lange nicht mehr nach **Füſsen** ausmaſs) Cäsar konnte ein groſser Mann mit fünfen seyn.

---

4) Der nach Frerets Berechnung (*Memoir de l'Acad. des Inscr. Tom. VII. p.* 485) ungefähr zwey hundert Jahre später ist als Moses.

Schade daſs die Akademie der Aufschriften uns nicht wenigstens einen Theil der Gründe und Belege hat mittheilen wollen, womit **Henrion** diesen merkwürdigen **Maſsstab der Menschheit** ohne Zweifel zu rechtfertigen im Stande war! Man hätte sie doch wohl in seinen nachgelaſsnen Papieren finden sollen. Insonderheit hätte ich sehen mögen, aus was für Gründen er uns hätte begreiflich machen wollen, wie, zu einer Zeit, da die menschliche Gattung schon auf zwölf bis dreyzehn Fuſs eingeschrumpft war, die **Kinder Enaks** noch so ungeheure **Popanze** seyn konnten, daſs die Israelitischen Kundschafter sich selbst gegen jene nur wie **Heuschrecken** vorkamen. 5)

Der Abbé Tilladet hatte der Akademie, schon lange zuvor (im Jahre 1704) eine Abhandlung über **die Riesen** vorgelesen, worin er aus heiligen und profanen Skribenten bewies, daſs es in den ersten zwey Jahrtausenden **Riesenvölker** gegeben habe, und daſs nicht nur Adam und die ersten Patriarchen, sondern auch die Anführer der morgenländischen Kolonien, die nach und nach die Abendländer bevölkert haben, insgesammt **Riesen** gewesen.

5) 4 B. Mose 15.

Einige Jahre darauf nahm **Mahüdel** die Frage wieder auf, und weil ihn däuchte, daſs **Tilladet** die Sache ein wenig zu leichtgläubig und seichte behandelt habe, so untersuchte er sie, in der echten **Shandyischen** Manier, als ein Naturkundiger, Zergliederer, Mechanikus, Geschichtsforscher, Kunstrichter, Staatsmann, Moralist, Ökonomist, u. s. w. und so fand sich denn freylich, daſs die Männer, die, mit einer Fichte statt des Stabes in der Hand, über Berg und Thal daher schritten, und denen, wenn sie ins Meer hinein giengen, das Wasser kaum bis an die Kniekehlen reichte, bey genauerer Ausmessung zu ganz leidlichen Ungeheuern wurden; so wie das fürchterliche weiſse Gespenst, das uns die Haare zu Berge stehen machte, beym Lichte besehen und mit Händen betastet, zu einem unschuldigen — Hemde wird. Dieſs gilt nicht nur den Mährchen solcher Geschichtschreiber wie zum Beyspiel der Mönch **Helinand** [6] und sein

---

[6] Ein Kronikschreiber aus dem Anfange des dreyzehnten Jahrhunderts, auf dessen Glaubwürdigkeit die schöne Erzählung beruht von der Entdeckung des Grabes des vom Virgil besungenen Prinzen **Pallas**, Evanders Sohn, und wie man dessen Leichnam zwey tausend drey hundert Jahre nach seiner Beerdigung noch unversehrt gefunden, und wie er, da man ihn an die Stadtmauer zu Rom angelehnt, um den ganzen Kopf

leichtgläubiger Nachschreiber Tostat; nicht nur der Höhle des Polyfemus, dieses berühmten Cyklopen, der nach Fasels Versicherung zwey hundert Ellen lang war, und zu Drepano in einer Höhle wohnte, die der Jesuit Kircher (der sie gemessen) sieben bis acht Fuſs hoch befunden; nicht nur dem sechs und vierzig Ellen langen Skelet des Orion in Kreta, (beym Plinius) welches die Kritik mit gutem Fug auf sechs Ellen herunter setzt, und das auch dann noch immer für eine Reisebeschreibers-Lüge groſs genug ist: selbst Goliath und König Og von Basan, für deren ungeheure Statur wir ein sehr ehrwürdiges Zeugniſs haben, sinken, ohne Nachtheil der Autorität desselben, nach Mahüdels Berechnung, zu einer unsre Einbildungs-

über die Mauer empor geraget habe, und so weiter. Welches alles ihm der ehrliche Alfons Tostat, Bischof von Avila, umständlich und getreulich nachsagt. Dieser Tostat ist der groſse Vielschreiber, dem man nachgerechnet hat, daſs er, um die sieben und zwanzig dicken Folianten, woraus seine Werke bestehen, bey Leibesleben zu Stande zu bringen, seine Kindheit abgerechnet, jeden Tag wenigstens fünf Bogen schreiben muſste. Wer einen so dringenden Beruf zum Schreiben hat, dem bleibt freylich keine Zeit zum Denken übrig.

kraft weniger ermüdenden Länge herab. Kurz, seiner bescheidenen Meinung nach, sind **zwölf Fuſs** das höchste, was man irgend einem Riesen zuzugestehen schuldig ist; und die beglaubte Geschichte stellt keinen einzigen auf, der dieses Maſs überschritten hätte.

So wenig dieſs auch denen vorkommen mag, die von einem zwey hundert Ellen langen Kerl wie von der alltäglichsten Sache von der Welt sprechen: so dünkt mich doch, **Mahüdel** habe den festen Punkt der wahren **kolossalischen** Gröſse des Menschen noch viel zu hoch gesetzt, und man habe, um der Mythologie und Geschichte alle Billigkeit zu erweisen, nicht nöthig sie über **sieben Fuſs** anzunehmen; denn die höchst seltnen Ungeheuer, die dieſs Maſs überschritten haben möchten, verdienen, wenn die Frage von höchster **natürlicher** Vollkommenheit ist, eben so wenig in Betracht zu kommen, als die zwey - oder dreyköpfigen Miſsgeburten.

7.

Was in unsern Zeiten wegen der Patagonen vorgegangen, giebt uns ein klares Beyspiel, wie es, sehr natürlicher Weise, mit den historischen und kosmografischen Vergrößerungen zuzugehen pflegt. Vielen ältern Reisebeschreibern zu Folge waren diese Bewohner der westlichen Küste des Magellanischen Landes noch einmahl so hoch als Europäer von gewöhnlicher Statur; und dieß bestätigte Frezier in seiner Reisebeschreibung von 1732 aus dem Munde verschiedener Spanier, die als Augenzeugen sprachen. Zwey und dreyßig Jahre hernach befuhr (bekannter Maßen) der Kommodor Byron die Küste, wo diese Titanen zu Hause seyn sollten; er sah sie, und, wiewohl sie ihm noch immer groß genug vorkamen, um mit allem Respekt, den man seinen Höhern schuldig ist, 7) von ihnen zu sprechen, so fand er sie doch wenigstens um drey bis vier Fuſs kleiner als die Spanier (die das Groſse lieben) sie gemacht hatten. Der gröſste, den er unter etlichen hunderten sah, schien ihm, dem Augenmaſs nach, nicht viel kleiner als sieben Fuſs. Endlich lernte Kapitän **Wallis** zwey Jahre darauf die nehmlichen **Riesen** kennen, die man, weil sie fast immer zu Pferde sind, eben so wohl hätte zu neuen **Centauren** machen mögen. Zu gutem Glück hatte er just ein paar Meſsruthen bey sich. In solchen Fällen ist nichts über eine Meſsruthe, um hinter die eigentliche Wahrheit zu kommen. Man maſs die längsten unter ihnen, und siehe! es fand sich nur Einer der sechs Fuſs sieben Zoll maſs, und etliche wenige von sechs Fuſs fünf bis sechs Zoll; die meisten hatten nur fünf Fuſs zehn Zoll bis sechs Fuſs. — Und so schmolz eine Länge, die nach **Spanischem Augenmaſs** zehn bis eilf Fuſs betrug, in einem **Eng**-

---

7) Wie leicht die Überraschung und das Erstaunen auch den verständigsten Mann zu unmäſsigen **Hyperbolen** bringen können, davon kann uns **Byron** selbst zum Beyspiel dienen, da er sagt: sein Lieutenant, **Cumming**, der doch selbst sechs Fuſs zwey Zoll maſs, wäre diesen Riesen gegenüber so klein wie ein Zwerg geworden — und doch betrug der Unterschied höchstens nur drey bis vier Zoll!

ländischen Auge auf sieben, und durch die
Meſsruthe auf sechs bis siebenthalb herunter.

Man muſs gestehen, dieſs ist immer noch
viel, und eine ganze Nazion solcher stattlicher
Männer, mit Weibern nach Proporzion, muſs
für einen armen Europäer allerdings ein sonderbarer und schauerlicher Anblick seyn. Aber
sehr vermuthlich ist die Gröſse dieser Patagonen auch das *non plus ultra* der menschlichen
Statur: und wenn wir von der angeblichen
Gröſse der Menschen in den Patriarchen - und
Heldenzeiten alles abziehen, was davon auf
Rechnung der verschiednen Maſse, und des
Betrugs der Augen, und der Lügenhaftigkeit
der Wanderer, Seefahrer und Dichter, und der
Vergröſserung, die jede Sache durch das Fort-
wälzen aus einem Munde in den andern erhält,
zu setzen ist; so wird wohl eine Länge von
siebenthalb bis sieben Fuſs das höchste seyn,
was die Riesengeschlechter der ältesten Zeit,
und die stattlichsten Männer der heroischen
und ritterlichen zu fordern haben. Herkules
hatte, nach der Ausrechnung des Pythagoras,
sieben Fuſs; eben so viel hatte Karl der
Groſse — wiewohl er diesen Beynahmen
einer andern Gröſse zu danken hat. Ich kenne
aus der Geschichte keinen dritten Mann zu diesen beiden. Ihre Stärke war in Verhältniſs mit
ihrer Gröſse; sie waren unermüdet in Thätig-

keit, tapfer in Duldung, mächtig im Streit, und mächtig in Frauenliebe. Wie sollten wir also nicht sicher annehmen können, daſs die Statur dieser zwey gewaltigsten Söhne des Himmels und der Erde das wahre Maſs heroischer Gröſse und Majestät sey, welches, verbunden (wie bey jenen beiden) mit Stärke und Schönheit, diejenige äuſserliche Gestalt giebt, die eines Mannes würdig ist, vor dem (nach Shakspeares Ausdruck) die Natur aufstehen und sagen soll: **Das ist ein Mann!**

## 8.

Gesetzt nun, die Natur habe in den ersten Zeiten unsrer Welt lauter Menschen von diesem Schlage, oder wenigstens viele dergleichen hervorgebracht: mit welchem Grunde kann man sagen, sie habe in der Folge die Kraft verloren, ihres gleichen hervorzubringen? Wie sehr weit sind Herkules und Karl der Grofse der Zeit nach von einander! — Oder, wollte man einwenden, diefs wären einzelne aufserordentliche Männer gewesen: hatte Herkules nicht seinen Theseus und Peirithous? Waren nicht die Argonauten seine Spiefsgesellen? Hatte Karl nicht seine Pairs, seinen Roland, und so weiter? Sie waren die ersten unter ihren Pairs, wie Achill unter den Helden der Griechen; aber ihre Pairs waren keine gemeine Menschen. — Und finden wir nicht, noch auf diesen Tag, bey den ungebändigten

Völkern Asiens und der neuen Welt die ganze
Anlage, ja selbst einen grofsen Theil der Eigenschaften und Tugenden der heroischen Zeiten?
die grofsen Körper, die Stärke und Behendigkeit, die Duldsamkeit, den Muth, die Treuherzigkeit, die zu **Tacitus** Zeiten das Eigenthum der **Germanen** und andrer Nordischen
Völker waren? Die edelsten unter den Westindischen Horden und Stämmen sind uns noch
wenig bekannt: aber was für eine Anlage entdeckt sich, zum Beyspiel, schon in dem wenigen, was uns **Kook** von den **Neuseeländern** erzählen kann! — Ihre Zeit ist noch
nicht gekommen. Denn, nach der **Analogie**
zu urtheilen, geht ein unvollkommnerer **Stand
der Wildheit** vor dem **heroischen Zeit**alter eines Volks vorher: weil zu diesem schon
ein gewisser höherer Grad von Entwicklung
und Ausbildung, ein gewisser Fortgang der
Kriegskünste, und eine weniger dürftige Lebensart gehört. Ihre Zeit ist also noch nicht
gekommen. Aber warum sollte sie nicht endlich eben so wohl kommen als die Zeit der alten
**Pelasger, Iberier, Germanen** und **Britten**, — und (auf einer andern Seite des Erdbodens) der **Saracenen**, der **Türken**, der
**Mogolen** Zeit gekommen ist?

## 9.

Wie dem auch sey, nichts bedarf wohl weniger einer ernsthaften Widerlegung, als die Meinung von einer immer zunehmenden Entkräftung der Natur und stetem Abnehmen der Menschheit. Wo man jemahls Abnahme gesehen hat, da hat man sie bey einzelnen Völkern gesehen — und immer waren es sittliche Ursachen, immer war es stufenweise Entnervung und Verderbniſs durch Tyranney, übermäſsige Ungleichheit, Hoffahrt, Üppigkeit und zügellose Sitten, was endlich im ganzen Staatskörper diese Kachexie hervorbrachte, die sich mit seinem Tod endigte. — Die Verderbniſs und Schwäche ging nie ins unendliche; sie hatte immer ihr gewisses Maſs, wie Gesundheit und Stärke auch.

Als es mit den Römern dahin gekommen war, daſs der Nahme Römer, der vormahls Königen Ehrfurcht einflöſste, bey den Gothen zu einem Schimpfnahmen wurde, den kein ehrlicher Kerl auf sich sitzen lassen konnte, — so war es auch aus mit ihnen. Diese ausschweifendsten, raubgierigsten, niederträchtigsten aller Menschen, die das Schändlichste zu thun und zu leiden fähig waren, wurden zuletzt auch die feigesten und wehrlosesten des Erdbodens. — Tiefer ist nie ein anderes Volk gesunken. Aber ihr Verderben war, gleich einer Seuche die nicht über einen gewissen Kreis hinaus kann, in die Grenzen ihrer Sitten eingeschlossen. Die Gothen, Vandalen, Longobarden, Franken, Sueven und so weiter, die ihre Herren wurden, blieben lange unangesteckt. Das grofse ungeheure Aas lag und moderte; aber was noch von gesunden Bestandtheilen übrig war, verlor sich in einer neuen Schöpfung. Neue Völker, neue Nahmen, neue Reiche, Verfassungen, Sitten und Sprachen, gingen aus den Trümmern der alten Welt hervor; und nun fing sich der Zirkel wieder an. Die Römer, denen Horaz so viel Böses weissagte, waren den Römern aus den Zeiten der Koriolanus, Kurius, Cincinnatus, nicht unähnlicher, als wir heutigen Europäer unsern Stiftern und Altvordern sind. Unser Fortgang ins Schlechtere wird, trotz aller unsrer Palliative und Betäubungsmittel, immer sichtlicher. Eine Kraft, die mächtiger ist als wir, stöfst uns immer näher gegen jenen Punkt, der noch allen Völkern, die ihn berührt haben, verderblich gewesen ist. Werden wir vielleicht allein die Ausnahme machen?

Aber, was daraus auch werden mag, die menschliche **Gattung** überhaupt wird nichts dabey verlieren. Andre Völker, die jetzt noch in der Wildheit ihres kindischen Alters herum laufen, werden ihre **Jugendstufe** besteigen; unverdorbne, kraftvolle, gutartige Menschen — wenn anders **unsre** kosmopolitische Neigung, auf dem ganzen Erdenrunde herum zu schwärmen, und allen Völkern, von Grönland bis in die Südseeinseln, unsre Künste zu zeigen und unsre häfslichen Krankheiten mitzutheilen, bis dahin noch unangesteckte Menschen übrig läfst — **werden die Patriarchen neuer Zeitalter** werden; neue **Helden**, neue **Argonauten**, neue **Orfeen und Ossiane**, neue **Ritter von der Tafelrunde** — kurz, die ganze Geschichte, wie sie **Virgil** in seiner vierten Idylle in so schönen Versen weissagt, wird unter **andern Formen** und in **andern Gegenden** wieder kommen; und in dieser Ordnung der Natur wird sich die Menschheit vielleicht noch lange fortdrehen, und von Zeit zu Zeit neu geboren werden, wachsen, blühen, reifen, abnehmen, verderben, und dann wieder auferstehen, und wieder blühen, und wieder verderben; bis die Erde endlich ihre Zeit erfüllt hat, und eine Begebenheit, die alle übrigen verschlingt, die Scene schliefsen wird.

Ich will damit nicht sagen, dafs diese kreisförmige Bewegung, womit sich die menschlichen Dinge umwälzen, ein **wahrer** Zirkel sey. Man hat vielmehr Ursache (wie mich däucht) zu glauben dafs es keiner sey. Kein Volk hat jemahls die Stufe wieder betreten, von der es einmahl herab gefallen, noch durch irgend ein Wunder der Kunst die natürlichen Kräfte wieder bekommen, die es einmahl verloren hatte. Die **Perser** sind nie wieder geworden was sie unter **Cyrus** waren; die **Athener** haben sich nie von ihrem **Alcibiades**, die **Spartaner** nie von ihrem **Lysander** wieder erhohlen können. Es scheint, die Reihe des Steigens und Fallens müsse nach und nach an **alle** Völker kommen — die nicht, wie die Grönländer, Lappen, Kamtschadalen und ihres gleichen, mit eisernen Banden des Klima's gefesselt, ihr Daseyn im starren Nebel der Dumpfheit, wie halb erfrornen Menschen zukommt, hinträumen.

———

## 10.

Aber hier ist es hohe Zeit zu schweigen! — Denn der Natur heiligen Schleier aufzudecken, in ihr inneres Räderwerk zu schauen, und zu zeigen — wie eins ins andre greift, und wie, durch den ewigen Streit und die scheinbare Verwirrung der Theile, das Ganze im Gang erhalten wird; wie alles Übel gut, aller Tod Leben ist, und wie alle die tausendfachen Bewegungen der Dinge, auf und nieder, vorwärts und rückwärts, in koncentrischen und excentrischen Kreisen, am Ende doch nur Eine unmerklich fortrückende Spirallinie machen, die alles ewig dem allgemeinen Mittelpunkt nähert, — diefs ist eine Aufgabe, deren Auflösung ganz andere Organen und einen ganz andern Gesichtskreis als den unsrigen zu erfordern scheint.

Nur Eine oder zwey Anmerkungen mögen mir noch vergönnt seyn, um (wo möglich)

Mifsverstand zu verhüten; wiewohl ich je länger je mehr lerne, dafs man dazu ganz besonders **von den Feen begabt seyn müsse.**

**Meine Absicht ist eben so wenig, unserm Jahrhundert Hohn zu sprechen, als ihm zu schmeicheln.** Ich halte es für keines der wirksamsten Mittel seine Zeitgenossen zu bessern, wenn man ihnen, wie Swift, immer beleidigende Dinge sagt. Aber sie immer zu streicheln und liebzukosen und einzuwiegen und in Schlaf zu singen, taugt auch nichts.

Es ist sehr natürlich, dafs ein Mann, der dem Spiele schon eine ziemliche Weile zusieht, wenn er immer mit den **Vorzügen unsrer Zeit**, und den Vortheilen unsrer **Aufklärung**, unsrer **Verfeinerung**, unsrer **Weltbürgerey** und so weiter klappern hört, und doch nirgends sieht dafs es darum besser, wohl aber dafs es immer desto schlechter geht: — dafs ein solcher einmahl des Klapperns überdrüssig wird, und ein Wort sagt, das er (weil es doch nichts helfen wird) eben so wohl hätte ungesagt lassen können.

Wenn denn aber gleichwohl (wie das niemand wissen kann) hier oder dort jemand dadurch veranlafst würde der Sache weiter nachzudenken, die natürlichen Folgen daraus zu ziehen, und auf die nächsten Mittel zu denken, wie ers (wenigstens für seine Person) zu machen hätte, um das Bifschen Menschensinn und Menschenkraft, und Freude an seinen Mitgeschöpfen und sich selbst, und Glauben und Liebe, Wahrheit und Treue, womit ihn Gott in die Welt ausgesteuert, so viel er noch davon übrig hätte, aus diesem grofsen Getümmel, Zusammenlauf und Jahrmarkte der Welt glücklich davon zu bringen, und in der Stille seines häuslichen Lebens, zu seinem und der Seinigen Nutzen und Frommen anzulegen: — das wäre denn gleichwohl auch so übel nicht!

Ich geniefse dankbarlich alles Gute was uns Künste und Wissenschaften gewähren; wärme mich zuweilen an ihrem Feuer, wenn mir vielleicht besser wäre ins Freye hinaus zu gehen, und mir durch tüchtige Bewegung warm zu machen; und lasse mir oft ihre Laterne leuchten, ohne gewahr zu werden dafs es heller Tag ist — wie es vielen unter euch, lieben Freunde, auch wohl gegangen seyn wird.

Insonderheit habe ich immer grofse Hochachtung für die goldnen Jahrhunderte der Musen und Künste gehabt, zumahl für das erste, — vielleicht defswegen, weil wirs doch meistens nur von Hörensagen kennen. Mich dünkt auf der ganzen Leiter, worauf ich die Menschenkinder (wie Jakob dort die Engel in seinem Traum) ewig auf und nieder steigen sehe, sind nur zwey Stufen, wo sie zu ihrem Vortheil in die Augen fallen. Die **eine** ist der Zeitpunkt, wo ein Volk viel **freye, edle, gute** Menschen, und die **besten** unter ihnen an seiner **Spitze** hat: die **andre** der, wo es **Künstler** hat, die den Geist der heiligen Götter empfangen haben, um die Bilder der grofsen Menschen, **die nicht mehr sind**, aus Marmor und Elfenbein zu schnitzen, und den Göttern, **an die man nicht mehr glaubt**, schöne Tempel aufzubauen, und die Thaten der Helden, **die niemand mehr thun kann, oder, wenn er könnte, nicht thun darf**, in schönen Schauspielen, zu grofser Leibes- und Gemüthsergetzung ihrer Mitbürger und hoher Herrschaften, vorzustellen.

Es liefse sich, wenns nöthig wäre, der acht und zwanzigste Theil zu den sieben und zwanzig Folianten des **Alfons Tostat** darüber schreiben, wie viel artige Vortheile, Zeitvertreib, Stoff zu Gesprächen in Gesellschaften und im Vorzimmer, Stoff zu Theorien, Kritiken, Recensionen, Epigrammen, Parodien und so weiter, wie viel Gelegenheit zu tausenderley neuen Beschäftigungen, Gewerben, Karaktern, Narrheiten, und folglich wieder zu neuen Schauspielen, neuen Kritiken, Apologien und so weiter, die verfeinerte Welt ganz allein diesen schönen Künsten zu danken hat.

Alles diefs sehe ich, und bin weit entfernt, die Summe aller dieser Vortheile nicht gerade so viel gelten zu lassen als sie beträgt. Aber gleichwohl wird es mir erlaubt seyn zu sagen, dafs ein Held mehr werth ist als sein Bild, eine grofse That mehr als ein Schauspiel, oder als eine Abhandlung über ihre Moralität und Verdienstlichkeit; kurz, dafs die Zeit des Seyns vor der Zeit des Nachahmens, das ist die Zeit der Natur vor der Zeit der Kunst — einen gewissen Vorzug hat, den man ihr nicht absprechen kann.

Noch wird es nicht schaden, mich über den Vorzug, den ich der Stärke und Realität vor Feinheit und Anstrich gebe, mit etlichen Worten zu erklären. Mein Glaubensbekenntnifs über Materie und Form ist dieses. Wenn ein roher Klumpen — Gold ist, so benimmt ihm freylich seine Ungestalt nichts von seinem Werthe; aber doch ist der

Klumpen nicht eher brauchbar bis er eine **Form** hat. Ein **goldnes** Gefäſs ist desto mehr werth je mehr es **Masse** hat; und da die **Form**, bey **gleich viel Masse**, schön oder häſslich seyn kann, so sehe ich nicht, was eine schöne Form seinem innern Werth **schaden** könnte: indessen ist richtig, daſs es auch mit der schlechtesten Form immer seinen innern Werth behält. Ein Stück Thon hingegen, oder ein Klümpchen gekäut Papier, da es nur durch Form und Fason einigen Werth bekommt, kann nicht schön genug gearbeitet, gemahlt, und geſirniſst seyn. Eben so kann ein groſser, edler, verdienstvoller Mann einer gewissen Politur entbehren, und verlöre vielleicht durch sie: aber ein **Bengel**, der, um Anspruch an Verdienst zu machen, keinen andern Titel als seine **Knochen**, seine **Nasenwurzel**, und seine **Grobheit** hat, muſs im Kreise der **Lastträger** bleiben, wenn sein Verdienst erkannt werden soll.

Eine Schöne und eine Häſsliche haben beide gleich viel Ursache gekleidet zu seyn; **jene** um ihre Reitzungen, **diese** um ihre Mängel zu verbergen. Die Nacktheit der Schönen würde eine Weile Augenweide seyn, aber bald sättigen und ermüden; mit Lumpen behangen und mit Schmutz bedeckt, würde sie ekelhaft werden. **Venus** selbst muſste von den Grazien angekleidet und geschmückt werden; — ein Bild, worein die Griechen eine grofse Wahrheit hüllten. Auch die kunstlosesten Töchter der rohen Natur fühlen diefs und haben ihre Grazien. Wer nichts darnach fragt ob er gefällt oder mifsfällt, kann es halten wie er will; aber wer gefallen möchte und empfindlich darüber ist wenn es ihm fehl schlägt, hat Unrecht wenn er das verachtet, was eine nothwendige Bedingung zum Gefallen ist.

Kurz, indem ich Natur, Einfalt und Wahrheit über Künsteley, Flitterstaat und Schminke setze, verlange ich der Ungeschliffenheit und dem Cynismus, wodurch viele heutiges Tages Eindruck zu machen hoffen, das Wort eben so wenig zu reden, als es meine Absicht ist, durch den Gegensatz unsrer Schwäche mit der Stärke unsrer Altvordern den heutigen Modeton mitzuleiern. Die Prätension an Genie, Gröfse, Stärke, Kühnheit und Freyheit läuft gegenwärtig wie eine grofse Epidemie durch halb Europa. Es ist ein possierliches Schauspiel, dem Gewimmel und Gelärme in den Sümpfen da unten zuzusehen, und was sich die armen Frösche aufblasen um auch grofs zu seyn; während der majestätische Stier ruhig und sorglos auf seiner Aue daher geht, und nicht weifs ob er grofs ist, und die Stärke seiner

Stirne nicht eher fühlt bis er ihrer vonnöthen hat.

Alle wahrhaft grofse und tapfere Männer, die ich noch gesehen habe, waren bescheiden und sanft, und sprachen am wenigsten von den Eigenschaften, worin man ihnen den Vorzug zugestand. Ein **Herkules** kann nur sehr selten in den Fall kommen, von seinen **Schultern** und **Armen** sprechen zu müssen. Wer aber noch immer der **Einzige** ist, der um das **Geheimnifs** seiner hohen Vorzüge weifs, der ziehe eine **Nebelkappe** um sich, und **rede durch Thaten!**

---

ENDE DES XIV. BANDES.

www.ingramcontent.com/pod-product-compliance
Lightning Source LLC
Chambersburg PA
CBHW031417230426
43668CB00007B/332